WESTWEGS

Johannes Schweikle

Über den Schwarzwald

WESTWEGS

Zu Fuß durch eine deutsche Landschaft

KLÖPFER&MEYER

Ist einer eine langweilige Type, dann nimmt er alle Tatsachen korrekt auf und darf schreiben: ›Reise durch die Pyrenäen‹. Jeder kann den Wittenbergplatz fotografieren, damit hat er alles gesagt und nichts.
Ist einer ein Kerl, dann steht er sich selbst im Wege, bei allen Schilderungen, und wenn er fertig ist, darf er nicht sagen: ›Reise durch die Pyrenäen‹. Er müßte sagen: ›Reise durch mich selbst‹.

Kurt Tucholsky, Ein Pyrenäenbuch

Inhalt

Nord

Mitte

Süd

Nord

Hamburg

Ein roter Würfel ragt über das Grau der Stadt. Seine Glastür ist das Tor zu den besseren Welten. Neben dem Eingang stapeln sich Kataloge. Der Titel befiehlt: Träume leben!

Es war ein Sommer, der die Hoffnung nicht erfüllte. Ich brauchte eine Regenjacke. »Zweiter Stock«, sagte die Frau in der *Service-Oase*. Am Weg zum Aufzug lagen Trinkrucksäcke. *Speed Aqua*, Fassungsvermögen drei Liter, weitere Flüssigkeiten können in den Seitentaschen mitgeführt werden. Es musste Gegenden geben, die nicht so nass waren wie Hamburg im August. Die Wüste flimmerte als Verheißung. Trockene Hitze, Dünen aus goldgelbem Sand, die Taklamakan wäre ein Ausweg.

Im ersten Stock streifte ich den Amazonas. In einem Terrarium wuselten Blattschneiderameisen. Wie aufgezogen liefen sie durch transparente Röhren. Das Thermometer zeigte 28 Grad, rastlos transportierten sie grüne Schnipsel von links nach rechts. Zwischen Messern, Beilen und Macheten war ein Buch platziert: *Die letzten Paradiese – Chatwins Guru und ich.*

Im zweiten Stock gab es Jacken für alle Wetter. Active Shell, ultra-atmungsaktive Membran, uneingeschränkt rucksacktauglich.

»Was kann die gelbe?«, fragte ich. Aber das war zu schlicht für Outdoor.

»Mango«, korrigierte der Verkäufer.

Ich schlüpfte in das Infinity Jacket. Die Kapuze war mit einer Volumenregulierung ausgestattet, sie passte auch über einen Helm. In der Klimakammer konnte ich die High End-Jacke testen. Die Glasscheiben waren wie Eisplatten, drinnen hatte es 13 Grad unter Null. Für den Windchill-Faktor stellte der Expeditionsberater ein Gebläse an. Der künstliche Sturm drückte die Regenjacke gegen meine Brust, am Handgelenk pfiff die Kälte in den Ärmel. Schnell wurde klar: Diese Jacke wäre den Stürmen über dem patagonischen Inlandeis nicht gewachsen. Für meine Reise sollte sie reichen.

Der dritte Stock lieferte die Anleitung zum Abenteuer. Die Regale reichten bis unter die Decke. Mit einer Bibliotheksleiter kam ich nach Bhutan, *Spiritueller Alltag im Reich der Könige.* Survival-Handbücher füllten ein ganzes Regal. Die Tempel von Angkor gab's in 3D, den Nationalpark Sarek im Maßstab 1:50 000.

Der Verkäufer, das musste man ihm lassen, verstand viel von seinem Geschäft. Ein Kunde in Globetrotter-Sandalen suchte den Kailash-Trek. Zielsicher langte der Fernwehfachmann in die richtige Schublade. Die Marangu-Route auf den Kilimandscharo, die Gebrauchsanweisung für das australische Outback – ein geübter Griff, und man konnte die Zivilisation in jede gewünschte Richtung verlassen.

Mit meinem Freund Marcel konnte ich diesen Sommer nicht auf Tour gehen. Er war in Italien, in einer alten Villa hatte er ein Stipendium bekommen. Mir fehlten unsere Diskussionen. Am Telefon kann man sich aufs Laufende bringen, aber wenig Klarheit in die Welt bekommen.

Ich wollte weg. Und ich hoffte auf einen schönen Herbst. Doch mein Reiseziel brachte den Fluchthelfer in Verlegenheit. Er sagte mit leisem Bedauern:

»Zum Schwarzwald haben wir nichts. Der ist nicht exotisch genug.«

Pforzheim

So hässlich kann Deutschland sein. Wo das Bahnhofsvordach endet, zerschneidet eine fünfspurige Straße die Stadt. Signal kommt, verspricht die Ampel. Gegenüber steht ein stattlicher Bau. Der breite Giebel mit den steinernen Säulen tut klassisch, im Erdgeschoss befindet sich der *Biertempel*. Rechts blinkt das *Grand Casino*, in der Mitte das *Casino Gamble Inn*. Links kommt das *Handyland*, daneben *Kebap-König*, dann der *Handyshop*. Auf dem Balkon steht ein lila Kinderfahrrad mit platten Reifen. Um die Ecke geht's ins *Roxy Casino*, über dem Eingang leuchtet die Südsee mit Kokospalmen. Dann kommt endlich etwas Seriöses: *ARGE Jobcenter*, Unterhaltsprüfung, 4. Stock.

Ich will auf die Berge. Doch hier geht es abwärts, hinunter in die Fußgängerzone. Sie gibt ein haltloses Fortschrittsversprechen. Die Häuser sind eckig, Funktionalität wurde hochkant geschichtet. Beton lügt von ewigem Leben, an der Krankenkasse bröckelt die Fassade. Warum lästert der Westen eigentlich über den Plattenbau Ost?

Pforzheim nennt sich die Pforte zum Schwarzwald. Will ich durch dieses Tor? Es sieht aus wie das Gegenteil meiner Sehnsucht. Ich suche einen Ausweg aus dem Unbehagen der Zivilisation, aber hier finde ich den Marktplatz der Unwirtlichkeit. Soll ich mit dem nächsten Zug zurück?

Oder hätte ich es machen sollen wie du? Die Alpen als Sicherheitsabstand zwischen mich und Deutschland bringen? Du bist nach Italien gefahren, ich will zu Fuß gehen, wir teilen uns Seumes Spaziergang. Was er vor zwei Jahrhunderten in Syrakus gesucht hat, will ich im Schwarzwald finden: einen Ort, an dem es sich ungestört träumen lässt.

Pforzheim nennt sich auch Goldstadt. 1767 gestattete der Markgraf von Baden einem Franzosen, hier Uhren zu bauen. In seiner Manufaktur fanden die Zöglinge des Waisenhauses Beschäftigung. Als Kaiser Wilhelm regierte, war Pforzheim die Schmuckfabrik der Welt. Sie glänzte in der Hauptsache mit Modeschmuck, der industriell gefertigt wurde. Nur wer genau hinsah, bemerkte den Unterschied zwischen Fabrik und Goldschmied. Als Hitler für den Krieg rüstete, baute die hiesige Industrie Apparate, um Bomben genauer abwerfen zu können. Am 23. Februar 1945 drehte die *Royal Air Force* den Spieß um. Sie machte kurzen Prozess: 379 britische Bomber, 22 Minuten, nach dem Feuersturm standen noch zwei Prozent der Häuser.

Doch die Bomben allein reichen nicht als Erklärung für die betonierte Trostlosigkeit. Als der Krieg zu Ende war, erlebte Pforzheim das deutsche Wirtschaftswunder im Zeitraffer. Das Geld kam schneller als Ideen für eine neue Stadt. Das Auto wurde demokratisch, die Stadtplaner bauten eine Parodie auf Schiller: Freie Bahn dem Tüchtigen! Seither zeigt Pforzheim das kalte Herz des Wiederaufbaus.

Das einzig Goldene an diesem Montagmorgen ist der Herbst. Mit unaufdringlichem Glanz fällt das Licht auf den blauen Handyladen. Er lockt mit Zufriedenheitsgarantie. *My Garden of electronic lifestyle*, zertifizierter Business-Partner. Satellitenschüsseln sind an Platten aus Waschbeton geschraubt.

An einem Pfeiler entdecke ich mein Zeichen, die rote Raute auf weißem Grund. Der Pfeiler ist grau, die Waben des Vordachs waren mal weiß. Rechts *Tchibo*, oben das Blinklicht der Alarmanlage. Auf Augenhöhe ein geschäftsmäßiges Schild im Aluminiumrahmen. Der Arzt für Naturheilkunde ist ausgezogen, ein Aufkleber gibt seine neue Adresse an. Fünftes Obergeschoss: *Stadtbau GmbH Pforzheim*. Die sind vor dem geflohen, was sie angerichtet haben, noch ein Aufkleber: umgezogen an den Schlossberg, vor neun Jahren schon.

Darüber hängt das weiße Schild des Schwarzwaldvereins. Es hat Stockflecken angesetzt. Zum Ausgangspunkt des Westwegs, 15 Minuten, am Reuchlinhaus vorbei. Auf der Brücke über die Enz kommt mir ein Mann im Mantel entgegen. Er geht energisch, aber ziellos durch die Stadt. Seine südländischen Augen fixieren meinen Rucksack. Dann ballt er die Faust zum Gruß eines alternden Revolutionärs und ruft: »Schöne Reise!« Mit schiefem Ö gibt er meinem Weg den Segen.

Der Aufbruch zu dieser Wanderung war leicht. Du hast ja schon manchmal gespottet, das Gewicht meines Rucksacks liege unterhalb der Nachweisgrenze. Auch diesmal habe ich beim Packen dem Minimalismus gefrönt. Ein Satz ordentliche Kleidung für den Abend, Badehose und Regenjacke. Rasierzeug brauche ich nicht, den Schlüsselbund habe ich zu Hause gelassen.

Im Zug warf ich den Rucksack mit lässigem Schwung auf die Gepäckablage und fühlte mich den Kofferschleppern überlegen.

In zwölf Etappen will ich nach Basel wandern und freue mich auf einfache Tage. Jeder wird nur eine Aufgabe stellen: Morgens loslaufen und bis zum Abend das Ziel erreichen. Heute geht's von Pforzheim nach Dobel, das sind 24 Kilometer. Ich muss nur der roten Raute folgen. Sollen doch Handynetze zusammenbrechen und Menschen in telefonischen Warteschleifen verzweifeln – ich gehe der Erreichbarkeit durch die Lappen. Die digitale Welt kann mir im Wald nichts anhaben. Satellitengestützte Navigation ist nicht nötig. In der linken Westentasche habe ich einen Faltplan, Maßstab 1:50 000, regensicher beschichtet. Er wiegt 76 Gramm.

Ich betrete kein Neuland. Vor mir sind schon viele durch diese deutsche Landschaft gereist. Sieht man ihre Spuren noch? Stimmen ihre Schwarzwaldgeschichten?

Wenn Wanderer vom Westweg erzählen, schwingt sich der Tonfall schnell in mythologische Höhen. Dieser Fernwanderweg führt 285 Kilometer durch den Wald, unterwegs kommt man nur durch ein Dutzend Ortschaften. Die Route laviert sich nicht durch die Täler, sie folgt der Kammlinie und führt über alle Gipfel: Hohloh und Hornisgrinde, Brandenkopf und Farrenkopf, schließlich Brend, Belchen, Blauen. Ganz zu schweigen vom Feldberg, auf dem im Herbst jeden Tag mit einem Wintereinbruch zu rechnen ist.

Vielleicht sind meine Füße deshalb nervös. Sie stecken in gut eingelaufenen Socken mit bunten Verstärkungen an Ferse und Zehen. Wie hat die Menschheit eigentlich überlebt, als es noch keine Socken gab, bei denen Rechts und Links markiert waren? Auf meine zwiegenähten Lederstiefel kann ich mich verlassen. Diese Gefährten sind erprobt und wasserdicht. Das fahle Innenleder hat schon viel Schweiß aufgesaugt und sich meinen Knöcheln angepasst.

Aber trotz Schuhgröße 45 benahmen sich meine Füße im Zug nach Pforzheim wie Halbwüchsige. Sie wussten nicht, was sie wollten. Erst motzten sie, die Stiefel seien zu eng geschnürt, das würde sich bald rächen. Druckstellen wollte ich nicht, also löste ich die Schuhbändel und legte sie sachte um die Fixierhaken an der Zunge. Aber dann meinten meine Füße, ihnen fehle der Halt.

Am Kupferhammer ist Pforzheim überstanden. Die Wege gabeln sich am Waldrand, die blaue Raute führt nach links, die rote nach rechts. Ein massiver Gedenkstein steht da. Er erinnert an Ludwig Auerbach.

Nein, nicht Berthold Auerbach. Der kommt später. Der Schwarzwald ist nicht so einfach, wie du denkst. Ludwig Auerbach passt wunderbar an diese Kreuzung. Er wurde 1840 in Pforzheim geboren. Ein Kind der Romantik, aber halt auch der Sohn eines Schmuckfabrikanten. Mit 16 Jahren verfasste der Jüngling ein gefühlvolles Versepos, der Großherzog von Baden stellte dem begabten Schüler ein Stipendium in Aussicht. Doch der Fabrikant vertrat seinem Sohn diesen Weg. Der junge Auerbach musste im väterlichen Betrieb in die Kaufmannslehre. Mit 27 Jahren übernahm er brav die Firma, die ihren Schmuck hauptsächlich an Russen verkaufte. Nach dem Deutsch-Französischen Krieg lief die Konjunktur heiß, dann brach sie ein. 1877 ging die Firma Auerbach in Konkurs.

Der Kaufmann wider Willen, der im Privaten weiterhin seine poetische Leidenschaft gepflegt und den Kontakt zu wichtigen Literaten gehalten hatte, erhielt das Angebot, in Wien Chefredakteur der *Neuen Freien Presse* zu werden. Es heißt, er habe abgelehnt, weil er nicht aus seinem geliebten Schwarzwald wollte. Über ihn hat er ein Gedicht geschrieben, das zum Heimatlied dieser Landschaft wurde. Der romantische Komponist Franz Abt hat ihm eine gefühlvolle Melodie gegeben:

O Schwarzwald, o Heimat, wie bist du so schön!
Wie locken das Herz deine schwarzdunkeln Höh'n
Zum fröhlichen Wandern in Hochsommerzeit,
Zum Rasten in heimlicher Einsamkeit,
Im traulichen Mühlgrund bei Quellengetön –
O Schwarzwald, o Heimat, wie bist du so schön!

War mir klar, dass du das schmalzig findest. Ich würd's mir auch nicht über den Schreibtisch hängen. Aber du musst das mit den Ohren von Auerbachs Zeitgenossen hören. Für die klang das revolutionär. Der Romantiker stellte das Bild vom Wald auf den Kopf. Das dunkle Gebirge, vor dem sich die Menschen grausten, verwandelte er in einen Ort der Schönheit. Im Schwarzwald hausten Bär, Wolf und Luchs, erst zu Auerbachs Lebzeiten wurden die letzten Bestien ausgerottet. Freiwillig ging niemand in diese Wildnis. Der Harzer, der Köhler, der Holzfäller – die mussten. Doch dieser Fabrikant wanderte ohne Not. Er pries die Fußreise als Lust, Berg und Tal verklärte er zum Sehnsuchtsort:

O Schwarzwald, o Heimat, dein Rauschen erklang
Ins Träumen des Kindes wie Wiegengesang,
Und später, da gabst du dein weites Revier
Zum Tummelplatz fröhlichster Spiele mir.
Die lauschigen Täler, die schauenden Höh'n –
O Schwarzwald, o Heimat, wie bist du so schön!

Nach dem Bankrott der Firma Auerbach griff ein Dichterfreund dem Kaufmann unter die Arme. Er war Bankier und bot ihm eine Direktorenstelle an. Am Rand des Mittleren Schwarzwalds gab es eine Fabrik, die aus Stroh einen Grundstoff für Papier herstellte. Diesmal sagte Auerbach zu, doch auch dieser Weg führte nicht ins Glück. Das Abwasser seines

Betriebs vergiftete die Schutter, einen Nebenfluss der Kinzig. Die Schwarzwälder protestierten gegen den Fabrikanten, der das Schwarzwälder Heimatlied geschrieben hatte.

Wirtschaftlich hatte Ludwig Auerbach wieder keinen Erfolg. Die Konkurrenz entwickelte ein neues Verfahren, das Holz zu Zellulose verarbeitete. Es setzte sich durch. Auf einer Geschäftsreise erlitt der Unternehmer einen Herzinfarkt. Der Dichter, der den vermeintlich sicheren Weg gewählt hatte, starb mit 41 Jahren.

Kurz nach dem Auerbach-Stein scheint endlich der Schwarzwald zu beginnen. Es geht bergauf. Aber der Hämmerlesberg ist nicht mehr als ein Test. Ein Hügel, um den die Nagold eine Schleife gelegt hat. In Dillweißenstein überquere ich diesen Fluss. Er ist höchstens knietief, schroffe Sandsteinbrocken ragen aus dem Wasser. Eine Tafel behauptet, dass dieses Rinnsal, das aus dem Schwarzwald kommt, zur Bedrohung anschwellen könne. Hochwasser und Eisgang hätten an dieser Stelle mehrere Stege aus Holz zerstört, bevor man 1835 schließlich eine solide Steinbrücke baute.

Beim besten Willen kann ich mir nicht vorstellen, wie man in diesem seichten Gewässer flößen wollte.

Ist ja gut, ich geh gleich weiter. Von den Flößern und der großen Katastrophe des Schwarzwalds werde ich an der Murg erzählen. Aber an Hermann Hesse komme ich hier nicht vorbei. Er hat beschrieben, welche Festtage er als Kind erlebt hat, wenn ein Floß auf der Nagold durch Calw fuhr. Dann brach etwas Wildes ein in die bürgerliche Ordnung seiner Vaterstadt. Lehrer, Eltern und Tanten versuchten, die Kinder von den fluchenden Flößern fernzuhalten, die ihre Baumstämme durchs Wasser manövrierten.

> Weit öfter, als mein guter Vater ahnte, bin ich als kleiner Bub für kurze Strecken blinder Passagier auf einem Floß gewesen. Es war streng verboten, man hatte nicht nur die Erzieher und die Polizei gegen sich, sondern leider meistens auch die Flößer. Schöneres und Spannenderes gibt es für einen Knaben nicht auf der Welt, als eine Floßfahrt. Denke ich daran, so kommt mit hundert zauberhaften Düften die ganze Heimat und Vergangenheit herauf.

Das Floß wurde Hesses Traumgefährt. Er malte sich Fluchten aus,

> träumerische Augenblicke des Versinkens in ein unsäglich seliges Gefühl von Wanderung, von Unterwegssein, von Entronnensein und Indiewelthineinfahren.

Die kurzen Floßfahrten waren ein Glück, für das der Junge teuer bezahlen musste. Er fror, die Flößer schimpften, die Eltern predigten. Aber die Seligkeit war's wert. Er erlebte die Freiheit des Nomaden, die ich von meiner Wanderung erhoffe:

> Man schwamm an Städten und Menschen vorbei, still, nirgends hingehörig, und fühlte im Herzen die Weite der Welt.

Hinter Neuenbürg habe ich die Stiefel nachgeschnürt. Jetzt geht's. Ein Neubaugebiet knabbert am Waldrand. Eine Frau in hellblauer Fleecejacke führt einen Boxer an der Leine.

»Machen Sie den Westweg?«

»Ja.«

»Wie weit wollen Sie?«

»Bis Basel.«

»Blasenfreies Wandern!«

Gehören sie und der Hund zu dem Haus am Ortsrand? Es stammt aus den Achtzigerjahren und verkündet den Wohlstand seines Besitzers. Elektrisches Tor an der Einfahrt, Doppelgarage. Der Torbogen am Eingang für die Fußgänger hat weder Sinn noch Zweck, außer dass er die Kamera zur Überwachung trägt. Ein Schild lässt wissen: Hier lebt ein Rechtsanwalt.

Auf der Schwanner Warte ist das Vorgeplänkel überstanden. Ein Aussichtsturm erhebt sich über die Bäume, der Platz am Waldrand ist wie geschaffen für ein Grillfest. Ein breites Dach bietet Schutz gegen Regen. Doch die Erbauer dieses Unterstands wehren sich mannhaft gegen zügellose Orgien, für die der Schwarzwald ja bekannt ist. Sie haben ein Schild an die grün gestrichene Wand geschraubt, solide geprägt wie ein Autokennzeichen:

»Die Benutzung der Überdachung durch Gruppen oder Gesellschaften ist nur nach vorheriger Anmeldung beim Schwarzwaldverein Straubenhardt erlaubt. Ausgenommen sind weiterziehende Wandergruppen.«

Für die ordnungsgemäße Anmeldung ist eine Telefonnummer angegeben. Anscheinend hat sich diese geändert. Deshalb ließ der Schwarzwaldverein Straubenhardt ein kleines Schild mit den neuen Ziffern prägen und befestigte dieses mit sechs Nieten auf dem alten.

Wer macht so etwas? Sind das die Schwaben? Oder habe ich die alte Grenze noch nicht überschritten und bin in Baden? Es spricht wenig dafür – über einer Garage weht die Fahne des VfB Stuttgart.

Das Badnerlied habe ich zum ersten Mal in Hamburg gehört. An einem Ort, der regelmäßig für Enttäuschungen sorgte. In der Betonschüssel im Volkspark, hinter der Müllverbrennungsanlage gelegen, verdünnten sich alle guten Gefühle, die man in einem Stadion haben kann. Diesmal verloren sich in der Gästekurve ein paar Dutzend Fans des SC Freiburg. Es klang nicht aggressiv, es klang nicht trotzig, es klang selbstverständlich, wie sie vor dem Anpfiff das Lied aus dem 19. Jahrhundert sangen:

Das schönste Land in Deutschlands Gau'n,
das ist mein Badner Land.
Es ist so herrlich anzuschaun
und ruht in Gottes Hand.

Hamburg spielte wie so oft, pragmatisch und leidenschaftslos. Aber das reichte, um schon vor der Pause drei zu null in Führung zu gehen. Baden verstummte. Doch dann fing sich der Süden wieder und feuerte seine Mannschaft spielerisch an: »Nur noch vier, nur noch vier!«

Die Württemberger Hymne habe ich noch nie öffentlich gehört. Sie wurde beim Geburtstag meines Großvaters nach dem Kaffee gesungen:

Preisend mit viel schönen Reden
Ihrer Länder Wert und Zahl,
Saßen viele deutsche Fürsten
Einst zu Worms im Kaisersaal.

Die Melodie klang ein bisschen wie die Marseillaise. Die Ballade von den Herrschern aus dem Mittelalter, die beim Reichstag zu Worms mit dem Reichtum ihrer Ländereien protzen, stammt ebenfalls aus dem 19. Jahrhundert. Aber das lernte ich erst später. Als Kind staunte ich, wie textsicher die Alten waren. Beim Grafen Eberhard bekam Oma feuchte Augen:

Eberhard, der mit dem Barte,
Württembergs geliebter Herr,
Sprach: Mein Land hat kleine Städte,
Trägt nicht Berge silberschwer;

Doch ein Kleinod hält's verborgen:
Daß in Wäldern, noch so groß,
Ich mein Haupt kann kühnlich legen
Jedem Untertan in Schoß

Bei der siebten Strophe war die ganze Verwandtschaft inbrünstig vereint:

Und es rief der Herr von Sachsen,
Der von Bayern, der vom Rhein:
Graf im Bart! Ihr seid der Reichste!
Euer Land trägt Edelstein!

Opa war schon lange tot, als ich begriff, wie genau diese Hymne einen Wesenszug des Schwaben beschreibt: Er macht sich klein – aber so, dass alle seine Größe sehen.

Volzemer Stein

Eine Streuobstwiese zieht sich bergan. Rote Äpfel leuchten an knorrigen Bäumen. Dahinter wellen sich Hügel, am Horizont zeigt der Schwarzwald zum ersten Mal sein Format. Das Gebirge schiebt sich als dunkle Wand vor den Himmel. Sie steht breit und hoch, in der schwarzen Fläche sind keine Umrisse zu erkennen. Nur ganz oben zeichnen sich die Wipfel der Fichten ab, die Kammlinie trägt Zacken wie ein Scherenschnitt. Ein Koloss grüßt. Ich sollte ihn nicht unterschätzen.

Endlich wird es Wald. Sehr zum Verdruss der Prinzessin. Marie trägt ein blaues Samtkleid mit weißem Kragen und zeigt mit allen Mitteln des Ausdrucks, über die ein Mädchen kurz vor der Einschulung verfügt, wie sehr ihr das Wandern gegen den Strich geht. Sie zieht eine Schnute, boxt in die Luft und straft den Weg mit ihrem Stampfen. Seit einem halben Kilometer geht das so, seit die Familie den Parkplatz verlassen hat. An der Heckscheibe des Autos lässt ein Aufkleber die Welt wissen: *Robin und Marie an Bord.*

Vater und Mutter mühen sich im Verein.

»Marie, hast du das Eichhörnchen gesehen?«

»Die Luft riecht hier gar nicht nach Auto.«

»Am Ziel gibt's die leckeren Sesamcracker.«

»Wandern ist dumm«, sagt Marie.

Der Bruder der Prinzessin ist vielleicht zwei Jahre älter und hat einen Stock aufgelesen. Mit diesem Spielzeug vergnügt er sich. Er krakelt Linien in den rotbraunen Waldweg, stochert in einer moorigen Pfütze und findet schließlich Brennnesseln. Auf dieses Gestrüpp drischt er ein, der Ritter kämpft mit Inbrunst: »Drrrsch, zisch, na warte!«

Der Gegner ist nicht kleinzukriegen, die Schlacht zieht sich hin, bis eine Stimme durch den Wald donnert: »Robin, wo bleibst du denn?«

Der Vorwurf ist das erste Wort des Vaters an seinen Sohn. Bislang hat die quengelnde Tochter all seine Aufmerksamkeit beansprucht. Wird sich das legen? Oder übt Prinzessin Marie das Muster ihres Lebens ein? Mach aus jedem Schritt ein Drama, leide täglich, trage allerorts den Schild der Überlastung vor dir her, dann muten dir die Mitmenschen nicht so viel zu.

Aber Marie kann auch anders. Das zeigt sie am Großen Volzemer Stein. Hier reißt der Waldboden auf. Er ist nicht mehr weich mit Farn und Heidelbeersträuchern bedeckt, jäh ragt schroffer Fels aus dem grünen Polster. Tannen und Ebereschen, bislang die einzig vertikalen Linien, bekommen Konkurrenz von kantigen Brocken aus Buntsandstein. Der Frost hat die haushohen Blöcke gesprengt und wild in die Landschaft gewürfelt.

Diese Kletterfelsen ziehen nicht nur Robin magisch an. Die Prinzessin vergisst, dass sie ein Samtkleid trägt. Eine Spontanheilung durchfährt ihre leidenden Glieder. Sie kraxelt.

»Bewegt euch langsam und kontrolliert«, ruft die Mutter.

Der Vater: »Hier wird's zu steil – da könnt ihr nicht runter.«

Marie: »Ja, weiß ich.«

Es ist eine Lust zu sehen, wie die Kinder sich erproben. Sie balancieren über Spalten, der Fels bietet Griffe und Reibung, jedes Hindernis ist Ansporn. Robin steht über den Köpfen seiner Eltern, als er mit einem Schrei abspringt und federnd im Moos landet.

Der Vater raunzt seinen Sohn an: »Mensch, pass doch auf!«

Dobel

Hier stimmt etwas nicht. Bis zum Ziel der ersten Etappe sind es noch drei Kilometer. Aber der Weg führt durch einen Widerspruch. Neben einem Grillplatz ragt ein roter Sandstein in die Höhe. Ein Stahlhelm der Wehrmacht ist eingemeißelt, darunter steht etwas von fünf Soldaten und dem Heldentod, zum stillen Gedenken. Der Stein hat graue Flechten angesetzt, doch er wird gepflegt wie ein geliebtes Grab. Es gibt frische Blumen, der Boden ringsum ist erst kürzlich geharkt worden.

Dahinter beginnt ohne Vorwarnung der Engelspfad. Rechts und links tauchen Tafeln auf. Pastelltöne hauchen Bilder, die Aphorismen sind entsprechend: »Engel erwarten für ihre Dienste keinen Dank.«

Die Wirtin meiner Pension findet den Engelsweg gut. »Unser Bürgermeister lässt sich halt immer wieder was Neues einfallen«, sagt sie munter. Auf dem kurzen Weg zum Zimmer bringt sie erstaunlich viel Gespräch unter. »Wissen Sie, morgen geht's durch den Wald, da gibt's keine Unterhaltung. Deshalb schwätz ich so viel.« Mit dem Hebel könne ich das Fenster auf Kippe stellen, Rauchen bitte nur auf dem Balkon. Einsilbig wird sie erst, als ich nach dem Kriegerdenkmal frage. Darüber wisse sie nichts. Fürs Nachtessen empfiehlt sie mir das *Rössle*.

Ich setze mich aufs Bett und ziehe die Stiefel aus. Diese kleine Tätigkeit bewirkt Großes. Auf den paar Schritten zur Dusche fühlen sich meine nackten Füße wie Freigänger. Die geschnürte Enge des Tages ist weg. Die verschwitzten Sohlen schicken ein Signal, das im ganzen Körper ankommt: Für heute ist die Arbeit getan – Feierabend!

Als ich die Zehen abtrockne und mit dünnen Baumwollsocken in die weichen Halbschuhe steige, fühlt sich das an wie Waldorfschule.

Dobel liegt auf einer offenen Hochfläche, knapp 700 Meter über dem Meer. Das *Rössle* lässt ahnen, dass dies einst ein gefragter Kurort war. Die Stube ist nach dem berühmtesten Gast benannt. Im Sommer 1799 stieg Johann Peter Hebel hier ab. Ein 39 Jahre alter Mann, der in der badischen Residenzstadt Karlsruhe Karriere gemacht hatte. Auf dem Dobel wollte er Abstand gewinnen.

Hebel war am südlichen Rand des Schwarzwalds aufgewachsen. Als Kind lernte er das Beste aus zwei Welten kennen:

Im Sommer besuchte er in Basel die Gemeindeschule von St. Peter, im Winter ging er in die Volksschule im bäuerlichen Wiesental. Mit 13 Jahren wurde der Junge Vollwaise. Eine Patrizierfamilie aus Basel, bei der die Mutter gedient hatte, gab Geld für seine Ausbildung. Hebel erfüllte den Wunsch der toten Mutter und studierte evangelische Theologie.

Er wurde ein umfassender Gelehrter. Am Gymnasium in Karlsruhe unterrichtete er die alten Sprachen, an der Realschule Buchführung und Briefschreiben. Er überarbeitete ein botanisches Werk, das die Flora Badens behandelte, und wurde Ehrenmitglied der mineralogischen Gesellschaft in Jena. Als Prediger in der Hofkirche war er beliebt, man beförderte ihn zum Professor der dogmatischen Theologie und der hebräischen Sprache.

Bei all der Ehre bekam Hebel im Dunstkreis des Hofs zu wenig Luft. Er entzog sich dem Sommervergnügen der gehobenen Gesellschaft. Statt in ein mondänes Bad zu fahren, ging er in den Schwarzwald. Aus der Höhe des Dobel schrieb er einen begeisterten Brief an seine platonische Freundin Gustave Fecht:

> Ein hoher Berg kann lieblicher sein als ein feuchter Badekasten, und seine Luft gedeihlicher als warmes Wasser, und die stille Beobachtung der ländlichen Menschheit interessanter als ein Gewühl von 400 Badegästen.

Der Badener fühlte sich in diesem schwäbischen Dorf geborgen. »Auf drei Seiten dunkler Tannenwald umher, auf der vierten eine freie heitere Aussicht auf den Rhein«, schrieb er an Fräulein Fecht. Er hatte sich vorgenommen, Gebete für die Liturgie auszuarbeiten, doch »ans Arbeiten kam ich selten mit Not und Mühe«. Der Professor ließ sich treiben. Er ging spazieren, legte sich aufs Bett und schaute zum Fenster hinaus.

Hebels Brief von 1799 sprengt unser Verständnis von Länge. Der Schreiber hatte auch noch die Muße, den Wortwechsel eines Ehepaars zu schildern, das sich vor seinem Fenster unterhielt. Die Herrschaften stammten aus der Schweiz, Hebel hörte im Schwäbischen den Dialekt seiner Heimat:

> »Franz, was hesch güggelet?«, fragte sie. »Numme do no der Amsle han i glueget«, antwortete er.

Hebel schrieb: »Sie glauben nicht, wie lieblich mir diese bekannten Töne so unerwartet ins Ohr fielen, obgleich der Vogel eine Wachtel war.«

Der Rössleswirt stilisierte diese Notiz seines Gasts zu einem Moment der Inspiration, der literaturgeschichtliche Folgen hatte. Sicher ist, dass Hebel etwa um diese Zeit mit der Arbeit an seinen *Alemannischen Gedichten* begann. Das war ein Wagnis – den gering geschätzten Dialekt der Bauern vom hinteren Wald zur Sprache der Lyrik zu erheben. In Basel riskierte kein Verleger die Veröffentlichung. Schließlich erschienen die 32 Gedichte 1803 bei Philip Macklot in Karlsruhe, nachdem Hebel eine erkleckliche Zahl von Vorabnehmern zugesichert hatte. Aber auch der Dichter war sich seiner Sache nicht sicher. Für die erste Auflage stand er nicht mit seinem Namen ein. Sie erschien unter dem Kürzel J.P.H.

Noch im Erscheinungsjahr rezensierte Jean Paul die *Alemannischen Gedichte*. In der *Zeitung für die elegante Welt* wünschte er, das Publikum möge sich an die »alemannische Drossel aus dem Schwarzwalde« halten statt an »eine da geschnitzte Guckguck-Uhr.« Ein Jahr später schrieb Goethe eine begeisterte Rezension. Das literarische Publikum forderte eine Übersetzung ins Hochdeutsche, doch Goethe beschied vom Olymp: »Einen solchen Dichter muss man im Original lesen! Dann muss man halt diese Sprache lernen!«

Für den Westweg habe ich Hebels anderen Bestseller eingepackt: das *Schatzkästlein des rheinischen Hausfreunds*. Für den Rucksack wählte ich ein leichtes Taschenbuch, auch wenn dessen Titelbild bös in die Irre führt. Es zeigt den Felsen der Loreley. Das wirft Fragen auf. Haben sie beim Fischer-Verlag keinen Atlas? Oder halten sie das Publikum für so dumm, dass es nicht zwischen Ober- und Mittelrhein unterscheiden könne? Die Loreley liegt mehr als 100 Kilometer stromab von Baden. Ist das einzige Bild, das man den Lesern von einer deutschen Landschaft verkaufen kann, ein Klischee?

Was hinter dem Buchdeckel kommt, ist großartig. Der gelehrte Autor war sich nicht zu schade, Kalendergeschichten für ein breites Publikum zu schreiben. Er zielte nicht auf den Beifall der Gebildeten, er wollte das Volk erreichen. Der *Badische Landkalender* war in vielen Wohnungen das einzig Gedruckte neben Bibel und Gesangbuch. Zwischen Mannheim und dem Bodensee lasen Bauern und Winzer, Händler und Handwerker die Geschichten für jeden Tag. Ernst Bloch nannte die Kalendergeschichten ein »Handorakel der Lebensklugheit für kleine Leute«.

Der populäre Kalender erreichte eine enorme Auflage. Eine Auswahl der besten Texte gab Hebel als *Schatzkästlein des rheinischen Hausfreundes* heraus. Die Mischung ist bunt. Der Hausfreund erklärt seinen Lesern die Planeten, streut wissenschaftliche Erkenntnisse über das Wetter unters Volk, auf dass der Aberglaube überwunden werde. Der Autor schreibt mit dem Optimismus der Aufklärung. Aber seine Kalendergeschichten riechen nicht nach dem Schulmeister. Er unterhält mit Schwänken und erzählt Anekdoten. Die Figuren im Kalender sind prall und lebensnah. Es wimmelt von Gaunern und Spitzbuben, Heuchlern und Verrätern. Freimütig erzählt Hebel von Eheleuten, die sich das Leben zur Hölle machen.

Den Theologen lässt er nie an der falschen Stelle heraushängen. Wenn der Erzähler moralische Ratschläge gibt, sind diese leicht verständlich und kommen nicht vom Katheder. So endet die Geschichte über einen entlarvten Hochstapler:

> Merke: Man muß nie mehr scheinen wollen, als man ist, und als man sich zu bleiben getrauen kann, wegen der Zukunft.

In seinem badischen Schatzkästlein gestattet sich der Autor gelegentlich einen spöttischen Unterton gegenüber den Schwaben. In der berühmten Geschichte *Kannitverstan* stammt der brave Held aus Tuttlingen. Mit den staunenden Augen des Provinzlers geht er durch das prächtige Amsterdam. Staunend fragt er, wem das stattliche Haus gehöre, wem das große Schiff, und wer so feierlich beerdigt werde. Jedes Mal antwortet ein Einheimischer: »Kannitverstan!« Der einfältige Schwabe hält dies für den Namen des reichen Mannes, doch gerade dieses Missverständnis beschert ihm tiefe Weisheit:

> Wenn es ihm wieder einmal schwer fallen wollte, daß so viele Leute in der Welt so reich seien, und er so arm, so dachte er nur an den Herrn Kannitverstan in Amsterdam, an sein großes Haus, an sein reiches Schiff, und an sein enges Grab.

In den großen Fragen war Hebel liberal bis ins Mark. Die Toleranz war sein Leitstern. Er warnte vor dem hässlichen Zank der Konfessionen, er entlarvte Vorurteile gegen fremde Religionen. In einem kleinen Porträt über den Juden Moses

Mendelssohn schrieb er: »Man muß um des Bartes willen den Kopf nicht verachten, an dem er wächst.«

Du fragst nach den alemannischen Gedichten? Gemach, die kommen an der Stelle, wo sie hingehören. Am Ende des Wegs, im Süden.

In der Ortschronik von Dobel stoße ich auf das Denkmal mit dem Stahlhelm. Am 11. April 1945, als der Krieg längst verloren war, lieferte sich ein fanatischer Trupp deutscher Soldaten im Wald vor dem Dorf ein sinnloses Gefecht mit den vorrückenden Franzosen.

Beim Frühstück in der Pension sitzt mir eine Frau gegenüber, der ich gestern schon im Wald begegnet bin. Ihre Augen strahlen nicht die Zuversicht des erfahrenen Fernwanderers aus. Sie geht auf die 60 zu, ist aber weit weg von der Kniebundhose, die verbissen aufgetragen wird. Ihre Bluse deutet auf eine Frau aus der Stadt, die weiß, wie man in der Freizeit einen lässigen Stil pflegt. Wie ertappt hat sie gestern auf der Bank vor einer Schutzhütte eine Zigarette geraucht.

Bei Brötchen und weich gekochtem Ei erfahre ich, dass sie Renate heißt. Vor 40 Jahren hat sie mit einer Freundin beschlossen, den Westweg zu gehen. Aber immer war irgendetwas wichtiger, es passte nie. Im Frühjahr ist ihre Freundin gestorben. Renate erschrak, wie schnell es zu Ende sein kann. Und beschloss, sich allein auf den Weg zu machen.

Auch sie ist gestern in Pforzheim gestartet. Was eingefleischten Wanderern als ehrlos gilt, war für sie kein Problem. Sie nahm das Pauschalangebot der *Schwarzwald Tourismus GmbH* an und lässt ihr Gepäck transportieren. Ihr Blick ist auch nach dem gut überstandenen ersten Tag noch zaghaft. Aber sie ist entschlossen und spricht sich Mut zu vor dem Wald: »Mir wird schon nichts passieren.«

Soll ich ihr anbieten, gemeinsam zu gehen? Würden wir ein Tempo finden, das beiden passt? Fänden wir gemeinsame Themen? Vor allem aber: Wie komme ich wieder raus, wenn ich allein sein will? Ich will meine Unabhängigkeit nicht aufgeben und halte mich an den Rat von Friedrich Theodor Vischer. Als Deutschland im 19. Jahrhundert das Wandern entdeckte, hat dieser schwäbische Professor von dem reinsten Lebensgenuss geschwärmt, den eine Fußreise darstellt. Vor Begleitern hat er gewarnt:

> Nur ja niemand mit, und wäre es der Busenfreund, der eigene Bruder, der eigene Sohn – nicht, nicht! Man hat ungleichen Schritt, will sich gern nach dem Begleiter einrichten, vergisst es immer wieder nach wenig Minuten, und der eine oder andere zappelt sich ab, ist gehetzt; der eine will einkehren, der andere nicht, der eine reden, der andere schweigen, dieser gibt nach, und man verschwatzt die herrlichsten Landschaftspunkte, die schönsten Beleuchtungen.

In der Metzgerei hole ich mir ein Fleischkäsbrötchen. Ich bin nicht der Einzige. Das Dorf rüstet sich für den Tag. Vor mir stehen drei Männer in der Schlange, jeder will einen LKW, einen Leberkäswecken.

»Dehn Se no a Scheib meh druff, damit mr au ebbes schmeckt.«

Seit Hebels Aufenthalt hat der Dobel gründlich sein Gesicht verloren. Mit dem Wohlstand fielen Beschränkungen. Die alten Häuser mit den roten Ziegeldächern setzen im Dorf nicht mehr das Maß. Ein Unternehmer hat einen Bungalow gebaut, sein Ferienhaus ist größer als ein Kartoffelacker. Der Rasen wird vom Gärtner gepflegt, die Rollläden sind heruntergelassen, die Fenster vergittert.

Es ist ja gut, dass viele Traditionen ihre Zwänge verloren haben. Aber die Möglichkeiten sind zum Problem geworden. Es gibt schwäbische Eltern, die nennen ihre Tochter Jacqueline, und das Kind muss dann als Jacqueline Häberle in der Welt herumlaufen. Der Dobel sieht aus wie Jacqueline Häberle.

Dieser Kurort hat nicht verstanden, dass er nur als Dorf reizvoll ist. Als er groß werden wollte, war's vorbei. Ein leeres Schaufenster reißt eine Lücke in die Hauptstraße. Auch das *Hotel Funk* hat aufgegeben. Das Kurhaus wirkt mit seinem schrägen Dach wie die Station einer Seilbahn ohne Seil.

Am Waldrand stoße ich auf eine weitere Idee des Bürgermeisters. Wer dem Europa-Rundwanderweg sechs Kilometer folgt, kommt an 27 Sitzbänken vorbei. Jede ist mit der Flagge eines Mitglieds der Europäischen Union bemalt. Kleine Schilder nennen die Sponsoren. Der Bankpate für Dänemark heißt Maulbetsch.

Kaltenbronn

Hinter dem Stierkopf ist die Welt anders. Sie wird still. Ich gehe durch tiefen Nadelwald, die Fichten stehen wie ein Vorhang. Ihre Stämme zeigen die Kraft des Einfachen, sie strahlen die Ruhe des Regelmäßigen aus. Weit oben bilden dichte Äste ein dunkles Dach.

Die Bäume sind gleichförmig, aber nicht genormt. Einer wurde vom Blitz getroffen. Im zweiten Stock ist der Stamm gesplittert, helle Zacken ragen wild in den Himmel. Der Wind hat eine Fichte gefällt, sie modert vor sich hin. Das tote Holz hat Moos angesetzt, dick und weich wie ein Sofa.

Ob der Schwarzwald depressiv macht? Das bin ich schon

öfter gefragt worden. Die Nadelbäume wirken ernst, die dunklen Äste lassen wenig Licht durch. Aber deprimierend ist *B 0137*. Diese Nummer trägt der Raum, in den ich kurz vor dem Aufbruch zu einer Besprechung bestellt wurde. Er liegt mitten in Hamburg, nur zwei Straßen von der Alster entfernt. Eigentlich ist die Stadt dort schön, aber diese Zitadelle verkündet die Überheblichkeit der fetten Jahre. Die Fassade ist mit betonierten Formteilen behängt, tonnenschwere Brüstungen behaupten, alles sei machbar.

B 0137 hat keine Fenster. Leuchtröhren strahlen auf lichtgraue Tische, verchromte Stühle gleiten über anthrazitgesprenkelten Teppichboden. Die Thermoskanne ist auch verchromt, der Kaffee schmeckt nach Dienstplan und Kantine. Ein Erfrischungsgedeck, Wasser mit und ohne, kleine Flaschen Apfelsaft. Träume sind in diesem Käfig nicht möglich. Der Beamer wirft eine unsichtbare Schrift an die weiße Wand: *Effizienz!* Als ob der kapitalistische Imperativ das Karge rechtfertigen würde. Aber die Firma, die hier besprechen lässt, ist eine Bank.

Jede Email in diesem Unternehmen setzt mindestens vier Mitarbeiter in CC. Trotzdem funktioniert wenig. Der *Senior Expert* für *Human Resources*, der mich für ein Seminar gewinnen will, ist krank. Seine Vertreterin weiß nichts von dem, was wir vereinbart haben. Der *Chief of Staff* guckt aus einem Pflichttermingesicht. Wie sah dieses aus, als diese Bank noch keine Milliarden vernichtet hat? Nach einer Dreiviertelstunde druckst er an einer Frage herum. Wenn ich sie richtig verstehe, will er ein ganz anderes Seminar.

B 0137 hat keine Fenster. Es gibt kein Entrinnen. Sie hören von uns.

Schritt für Schritt gewinne ich Abstand. Ich gehe in die Unabhängigkeit. Keine Termine zerhacken den Tag, der ohne

Wecker begonnen hat. Ich kann Pause machen, wann ich will. Muss keinen Fahrplan studieren und keinen Flug erreichen. Der Rückweg zum Parkplatz kümmert mich nicht, weil ich kein Auto brauche. Falls das Wetter umschlägt, habe ich meine Regenjacke.

Im Wald muss ich keine Erwartungen erfüllen, vor allem keine unausgesprochenen. Das Mittagessen wird hier wieder zu einer einfachen Angelegenheit. Kein Kollege fragt: »Kommst du mit zum Sushimann?«, und ich muss nicht abwägen, ob eine Absage gruppendynamisch nachteilig wäre. Gelte ich als arrogant, wenn ich Nein sage? Werden die wichtigen Dinge vor dem Meeting beim Jasmintee verhandelt?

Erst recht muss ich keinen Hierarchen zum Italiener begleiten, um mir seine Erfolgsgeschichten anzuhören, während die Liste der zu beantwortenden Emails länger wird. Im Wald ist es so: Wenn ich Hunger habe, esse ich. Wenn nicht, gehe ich weiter.

Auf einer Lichtung machen zwei Männer Rast. Sie reden nicht. Von ihnen geht die wortlose Vertrautheit aus, die sich einstellt, wenn man einen langen Weg gemeinsam gegangen ist. Einer hängt sein Hemd zum Trocknen über die Lehne der Bank, dann streckt er den Bauch in die Sonne und blinzelt. Sein Anglerhut ist ausgebleicht. Der Gefährte neben ihm beißt in eine geräucherte Wurst. Die Rucksäcke lehnen an einer Birke.

Ich habe meinen Rhythmus gefunden. Nichts drückt oder tut weh. Die Beine fühlen sich an wie ein Perpetuum mobile, als könnten sie sich endlos bewegen. Die Hornisgrinde und der Feldberg können kommen, ich fühle mich dem Schwarzwald gewachsen.

Vor mir liegt weites Land. Die Schritte werden groß, die Gedanken schweifen. Ich bin mit mir unterwegs. Bruchstücke der Vergangenheit tauchen auf, und ich wundere mich. Eine scheinbar vergessene Demütigung kommt wieder hoch – warum hab ich mir das gefallen lassen? Ich sehe Momente einer zerbrochenen Beziehung – warum hab ich damals, als ich mitten drin steckte, nicht bemerkt, wie schön sie waren?

Am Schweizerkopf tut sich der Blick nach Westen auf. Das Albtal liegt unter mir, die Wiesen am steilen Hang strotzen vor Grün. Auf der anderen Seite, das ist wohl der Wurstberg. Die Höhenzüge dahinter sind nur noch als Konturen zu erkennen. Diesiges Licht zeichnet die Kämme weich und bleicht die dunklen Flanken. Weit hinten, tief unten, ist ein Schornstein zu erkennen. Daneben liegen weiße Klötze. Aber mit meiner Nasenspitze kann ich sie verschwinden lassen. Wenn ich den Kopf ein bisschen nach links drehe, sehe ich nur noch Bäume, und der Rheinhafen von Karlsruhe ist weg. Das Gebirge, auf dem ich stehe, ist über die Welt erhaben.

O Täler weit, o Höhen,
O schöner, grüner Wald
Du meiner Lust und Wehen
Andächtger Aufenthalt.
Da draußen, stets betrogen,
Saust die geschäftge Welt;
Schlag noch einmal den Bogen
Um mich, du grünes Zelt.

Lass stecken, Besserwisser. Brauchst mir nicht zu sagen, dass Joseph von Eichendorff nicht im Schwarzwald war. Auf einer Wanderung von Heidelberg nach Mannheim sah er die Vogesen, dieses blaue Gebirge reizte ihn. Aber soweit ich weiß, hat er es auch dorthin nicht geschafft. Über die Sehnsucht nach dem Wald hat er im Osten geschrieben, an der Oder, als er

1810 Abschied nehmen musste vom Landschloss der Familie in Lubowitz.

Die Welt war rasend im Umbruch. Die alte Ordnung trug nicht mehr, die neue war chaotisch, das Gut der Eichendorffs ging in Konkurs. Es gab Städte voller Unbehagen, mit Straßen, die das Herz nicht wärmten. Da wurden die Wälder der Kindheit zum Ort der Geborgenheit.

Felix Mendelssohn-Bartholdy hat dieses Gedicht 1843 zu einem unsterblichen Lied vertont. Im selben Jahr veröffentlichte Berthold Auerbach seine Dorfgeschichten. Nein, der ist in keiner Weise mit Ludwig Auerbach verwandt. Berthold Auerbach wuchs in Nordstetten auf, das liegt bei Horb, zwischen dem Neckar und der Schwäbischen Alb. Die Heimatgeschichten spielen vor dem Hintergrund seines Geburtsorts. Doch Auerbach betrieb geschicktes Marketing. Er hübschte seine Sammlung mit einem kleinen Etikettenschwindel auf. Werbewirksam nannte er sie *Schwarzwälder Dorfgeschichten*.

Hinterher sagt man in solchen Fällen, der Erfolg gebe einem Recht. Der Ruf von Auerbachs fiktivem Schwarzwalddorf drang bis nach Amerika. Als Mark Twain 1878 durch Europa reiste, ging er auch in den Schwarzwald. Für diesen Abstecher berief er sich ausdrücklich auf Auerbach. Schon gleich nach dem Aufbruch in Baden-Baden war der Amerikaner verzaubert. Er beschrieb

> ein Gefühl tiefer Zufriedenheit; ein anderer Zug ist eine heitere, jungenhafte Fröhlichkeit; und ein dritter und deutlich spürbarer Zug ist das Gefühl, daß die Alltagswelt weit entfernt und daß man von ihr und ihren Angelegenheiten vollkommen befreit sei.

Je mehr das Unbehagen an der Zivilisation wuchs, desto größer wurde die Sehnsucht nach einem Rückzugsort. In den Städten bestimmten Maschinen den Rhythmus des Lebens, die Bewohner der Wälder wurden zum Gegenentwurf des blassen Industriemenschen: unverdorbene Charaktere, Menschen voller Herzlichkeit und von alter Sitte. Nicht nur süßliche Poeten dichteten so. Theodor Vischer, wahrlich ein Denker mit scharfem Verstand und ästhetischem Urteilsvermögen, stieß bei seinem Lob der Fußreise ins gleiche Horn:

> Im ländlichen Wirtshaus übernachten, wo es noch einen Hausknecht gibt, der mit der Innigkeit edler Leidenschaft die Stiefel wichst, in dessen Gesicht nicht jeder Zug Trinkgeld heißt, – freundlich plaudern mit Landvolk, mit Haustieren, schlafen wie ein Sack, in Morgenfrühe weiter, von Lerche, Fink, Amsel begrüßt – kurz, man lebt.

Bei der Kreuzlehütte hab ich mich verlaufen. Den Schwarzwaldverein kann ich dafür nicht verantwortlich machen – die rote Raute hängt verlässlich an Tannen, Buchen und silbrig verwitterten Baumstümpfen. Der Grund ist, dass ich geträumt habe. Beim Gehen geht das viel besser als im Sitzen.

Wie kommst du jetzt auf Heine? Der war in einem anderen Mittelgebirge unterwegs. In Goethes Gefolge zog der Harz die deutschen Dichter an. Der junge Heinrich Heine wanderte auf den Brocken. Mit jedem Schritt gewann er Abstand von einem verkorksten Winter in Göttingen. Im Buch über die Harzreise spottete der Student sich frei:

> Die Zahl der Göttinger Philister muß sehr groß sein, wie Sand, oder besser gesagt, wie Kot am Meer; wahrlich, wenn ich sie des Morgens mit ihren schmutzigen Gesichtern und weißen Rechnungen vor den Pforten des akademischen Gerich-

tes aufgepflanzt sah, so mochte ich kaum begreifen, wie Gott nur so viel Lumpenpack erschaffen konnte.

Aber unterwegs war's auch nicht besser. In Goslar traf Heine einen wampigen Bürger, der »sah aus, als habe er die Viehseuche erfunden«. Einen Zimmergenossen beschrieb er als »ein langes Brechpulver«. Der Wanderer berauschte sich an der eigenen Respektlosigkeit:

> Es ist noch früh am Tage, die Sonne hat kaum die Hälfte ihres Weges zurückgelegt, und mein Herz duftet schon so stark, daß es mir betäubend zu Kopfe steigt und ich nicht mehr weiß, wo die Ironie aufhört und der Himmel anfängt.

Heine rieb sich an den romantischen Schwelgereien seiner Mitmenschen. Auf dem Brocken lästerte er über das Gipfelbuch, »worin alle Reisende, die den Berg ersteigen, ihre Namen schreiben, und die meisten noch einige Gedanken und, in Ermangelung derselben, ihre Gefühle hinzunotieren«.

Besonders aufs Korn nahm er unter den Naturschwärmern

> die Herren Akziseeinnehmer mit ihren verschimmelten Hochgefühlen, die Kontorjünglinge mit ihren pathetischen Seelenergüssen, die altdeutschen Revolutionsdilettanten mit ihren Turngemeinplätzen, die Berliner Schullehrer mit ihren verunglückten Entzückungsphrasen.

Du meinst nicht die *Harzreise*, sondern das *Wintermärchen*? Wie er in kalter Zeit von Paris nach Hamburg reist und einen genauen Blick auf Deutschland wirft?

> Franzosen und Russen gehört das Land,
> Das Meer gehört den Briten,
> Wir aber besitzen im Luftreich des Traums
> Die Herrschaft unbestritten

Stattgegeben. Wenn unser Luftreich irgendwo die Erde berührt, dann unter Bäumen. Im Wald lässt es sich besser träumen als im Bett. So gesehen ist der Schwarzwald das Zentralmassiv des deutschen Gefühls.

Ein Träumer geht am besten zu Fuß. Diese gleichförmige Bewegung ist so langsam, dass der Wanderer ohne Unfallgefahr seine Gedanken laufen lassen kann. Je höher das Tempo der Fortbewegung, desto riskanter wird das. Wenn ein Porschefahrer abschweift, hält man besser Abstand.

Eskapismus zu Fuß hat weniger Nebenwirkungen. Das Gehen ist ein wunderbares Korrektiv. Es setzt den Träumen Grenzen, bevor sie ins Allmächtige abheben. Die gründliche Art der Fortbewegung vermittelt ein Gefühl für Raum und Zeit. Wer die Welt beglücken will, steige vorher auf einen Berg und wieder herunter. Wenn er das rechte und das linke Knie spürt, reden wir über seine Ideen.

Als ich mich an der Kreuzlehütte verlaufen habe, bin ich auf den Holzweg gekommen. Er ist verführerisch gepolstert mit einem Teppich aus Fichtennadeln. Aber er endet irgendwo im Dickicht.

Wie lange muss ich zurückgehen? Fünf Minuten oder eine Viertelstunde? Ginster streift an den Hosenbeinen, ich stolpere an einer Wurzel, die über den Weg wächst. Im Schwarzwald liegt so viel Raues, dass der Träumer den Kontakt zum Boden nicht verliert.

An einer Buche finde ich die Raute wieder. Vorne kommt ein Wegzeiger. Es geht nach Kaltenbronn.

Hohloh

Auf dem höchsten Punkt des Plateaus steht ein Aussichtsturm. Als der runde Schaft aus Sandstein gemauert war, benannte man ihn nach Kaiser Wilhelm. Nach den Katastrophen deutschen Größenwahns schien dieser Name nicht mehr passend. Jetzt heißt der Turm auf dem Hohloh nur noch nach dem Berg, auf dem er steht. Sicher ist sicher.

Die Landschaft öffnet sich. Der Wald bietet keine Deckung mehr, und ich gerate in den Krieg. Mitten auf dem Weg springt ein Mann in Kampfstellung. Er trägt eine militärische Tarnhose und geht in eine breitbeinige Position, wie ich das nur aus Actionfilmen kannte. Der Schütze verlagert den Körperschwerpunkt dramatisch nach unten, um besser zielen zu können. Im Anschlag hält er eine Spiegelreflexkamera. Diese richtet er auf ein junges Paar, dessen Trekkingausrüstung direkt aus dem Outdoorladen kommt.

Aber die Position ist nicht gut. Entschlossen klettert der Schütze auf das Geländer am Wegrand, hakt den Oberschenkel ein. Das Paar lächelt, der Fotograf schimpft: »Verdammt, da ist eine Tanne!«

Der ganze Hintergrund steht voller Tannen. Die Aufnahmeleiterin spottet: »Hardy, wo hast du die denn her? Das ist ja ein Einzelstück!«

Die Fotos sollen nach Sommer aussehen. Die beiden Models müssen sich umziehen, T-Shirt und Dreiviertelhose. Der Fotograf ist dankbar für meine Fragen. Sie geben ihm die Gelegenheit, das Klagelied des Weitgereisten anzustimmen. Er komme gerade von einem Shooting mit dem Charly, das sei der Wahnsinn gewesen. Alaska, für den Winterkatalog.

»Wenn du wirklich raus willst, musst du da hin!«

Ich sehe das Wildniszeichen. Auf Jacke, Hemd und Hose trägt der Fotograf den Abdruck einer Tatze. Ich verstehe: Charly, das ist der Vorzeigeunternehmer der Outdoor-Szene. Der Leitwolf der Abenteuerindustrie. Gerne hält er seine graue Mähne in die Kamera, er ist sich selbst das liebste Fotomodell. Seine Jacken werden in der Stadt getragen, sie sind der Porsche Cayenne unter den Textilien. Dicke Daunen, jeder Klimazone gewachsen, ein Statement in der Einkaufspassage. Wer das Wildniszeichen trägt, kann im Warmen bleiben und ist trotzdem kein Spießer.

Die Tatze baut das Abenteuer in den Alltag ein. Sie ist so rebellisch wie Comandante Charly. Unangepasst seit 68. Lockt Wohlstandsbürger in die Wildnisse der Welt. Und baut seine Lagerhalle ins deutsche Naturschutzgebiet. Oh yeah, take a walk on the wild side.

»Und jetzt soll ich den Schwarzwald aufpeppen«, jammert der Fotograf. Für ein Magazin, das die neue Lust am Wandern zeigen will. Er schimpft über Kniestrümpfe und Kirschtorten. Diese Berge riechen für ihn nach den piefigen Fünfzigerjahren.

Hardy ist so fixiert auf sein Klischee, dass er die Landschaft nicht sieht, in der seine Wandermodelle posieren. Der hölzerne Bohlenweg führt durch ein Hochmoor. Dort bricht das dunkle Grün auf, das Bild wird bunt. Aber die Farben leuchten so zurückhaltend, als hätte man sie vor langer Zeit aufgetragen. Das Gras ist bleich wie Sand, das Wasser spiegelt wie mattes Silber. Ein kahler Stamm ragt schräg aus dem Sumpf. Das Moor schimmert rostrot, die Birken färben sich gelb. Wenn Hardy den richtigen Blickwinkel wählte, könnte er das Bild in Charlys Katalog als skandinavische Wildnis verkaufen.

An der Wegbiegung tauchen zwei Jungs auf. Sie sind Anfang 20 und tragen ihre Baseballkappen so, wie es im Ghetto Vorschrift ist. An ihren Sweatshirts baumeln Kapuzen, ihre Füße stecken in Stiefeln von Doc Martens. Als sie uns lässig grüßend passieren, wabert eine süßliche Schwade über das Moor. Die beiden wandern gemütlich kiffend durch den Schwarzwald. Sie wirken nicht so, als ob man sie zu dieser Art von Ferien gezwungen hätte. Ihre Rucksäcke sehen benutzt aus.

Latschigfelsen

Der Nordschwarzwald wirkt wie eine Hochebene. Aber das täuscht. Wer sich auf diese Landschaft einlässt, merkt, wie zerklüftet sie ist. Gestern bin ich in Pforzheim auf 280 Metern Meereshöhe gestartet, jetzt stehe ich fast 1 000 Meter hoch. Um ans Ziel der heutigen Etappe zu kommen, muss ich ins Murgtal hinunter. Das sind 700 Höhenmeter abwärts, Forbach liegt wieder fast so tief wie Pforzheim. An der Prinzenhütte, wo das Steilstück noch gar nicht begonnen hat, sitzen zwei junge Frauen auf einer Bank. Die Dunkle trägt zerzauste Locken um ein rotes Gesicht, die Brünette jammert in ihr Handy: »Ich weiß gar nicht, wie ich morgen das Gaspedal durchdrücken soll.«

Der Abstieg beginnt sanft. Ich gehe auf Gras. Es macht den Weg weicher als Samt. Jeder Schritt federt.

Auf dem Latschigfelsen steht ein alter Pavillon. Das Geländer und die Sitzbank sind aus Rundhölzern gezimmert, knorrige Balken tragen ein schützendes Dach. Die Schönheit dieser Konstruktion besteht in ihrer Reduktion auf das Wesentliche. Hier findet sich kein Brett zu viel. Das Holz ist silbergrau verwittert.

Der Fels, auf dem diese Aussichtskanzel steht, ragt schroff aus dem Wald. Aus dem nackten Stein ist eine Birke gewachsen, ihre Blätter setzen gelbe Farbtupfer. Eine zerzauste Fichte ragt als Solitär über dieses Motiv aus der Romantik.

Es fehlt nur noch Nebel. Wenn er das Tal füllt, schwebt diese Felspartie dramatisch über dem weißen Meer. Neben mir grüßt Caspar David Friedrich. Er beugt sich über den Abhang, kneift ein Auge zu und schaut versunken. Sein Blick folgt einem Stamm, der das Geländer stützt. Dieser bildet eine Diagonale im Bild und führt in geheimnisvolle Tiefe.

Mit nüchternem Blick sieht man von diesem Felsen, wie tief sich die Murg in den Schwarzwald gegraben hat. So jäh, wie das Gebirge auf meiner Seite abfällt, so steil steigt das dunkle Massiv auf der anderen Seite wieder an. In anderen Weltgegenden würde man von einem Canyon sprechen. Der schmale Fluss in der Tiefe führt kaum Wasser. Granitbrocken ragen aus dem Schotterbett, grau und rund geschliffen. Wer nicht weiß, dass er im Schwarzwald ist, würde auf eine Schlucht in Südfrankreich tippen.

Der Abstieg ist lang, aber weich. Streckenweise laufe ich auf rotem Sand. Der Weg fühlt sich an, als ob es an den Strand ginge. Moos polstert den Stein. Als die ersten Heuhütten auftauchen, passiere ich ein Mahnmal. Ein Trekkingstiefel hängt an einem Ast, aufgeknüpft am eigenen Schnürsenkel. Der Schuh war dem Schwarzwald nicht gewachsen. Die Zwischenschicht aus Schaumgummi ist zerbröselt, die Laufsohle hat sich abgelöst. Sie hängt nur noch an der Zehenkappe am Schaft, der Absatz baumelt mit groben Stollen im Wind. Der Stiefel trägt das Wildniszeichen.

Baiersbronn

Im Murgtal untersuche ich den Bindestrich zwischen Baden und Württemberg. Ich mache einen Abstecher über die alte Grenze. Ein paar Kilometer flussaufwärts, vor Schönmünzach, komme ich auf württembergisches Gebiet. Sägewerke markieren das Tal wie Kilometersteine. Nach dem dritten höre ich auf zu zählen.

In Baiersbronn steht neben der Kirche ein Haus mit Blumenkästen an den Fenstern. Im Erdgeschoss befindet sich die Bußgeldstelle, im ersten Stock das Trauzimmer. Eine Tür weiter geht's ins Museum. Ein pensionierter Lehrer übernimmt die Führung. Der Mann ist das genaue Gegenteil von einem Berliner. Noch vor dem ersten Exponat entschuldigt er sich. In Baiersbronn gäbe es halt keinen Schiller und keinen Goethe, 82 Prozent der Gemarkung seien mit Wald bewachsen. Doch er ist sich nicht sicher, ob er die Erwartungen des Besuchers mit dieser Warnung erfolgreich gedämpft hat. Also schiebt er nach: »Ein Literaturmuseum ist halt nicht der Bringer.«

Es geht um Wilhelm Hauff. Er wurde 1802 in Stuttgart geboren. Sein Leben war kurz, aber typisch für einen begabten Schwaben. Mit 14 Jahren bestand er die gefürchtete Auswahlprüfung der württembergischen Schulmeister und kam auf das Eliteinternat im Kloster Blaubeuren. Der nächste Schritt zur Karriere war ein Stipendium im Tübinger Stift. Dort studierte er Theologie, mit besten Aussichten auf alle Annehmlichkeiten einer bürgerlichen Existenz. Einkommen, Ansehen und ein Pfarrhaus waren ihm sicher. Doch Hauff entwickelte einen tiefen Widerwillen gegen diesen gebahnten Weg. Er brach aus in raue Gefilde.

»Über meinen Beruf zu schriftstellern«, so legte er später Rechenschaft ab, »war ich mir einig, sobald ich die unwillkürliche Abneigung gegen die Theologie und zugleich Kraft in mir fand, soviel leisten zu können, um wenigstens nicht mit Beschämung wieder vom Schauplatz abtreten zu müssen.«

Der Künstler war sich seines romantischen Überschwangs bewusst. Er erklärte weiter:

> Notwendiges Requisit dazu war jene ›Unverschämtheit‹, die mancher unter euch an mir rügte, oder jenes, um mich so auszudrücken, mit einiger Eitelkeit gemischte Selbstvertrauen, das mir schon über manche fatale Klippe hinüber geholfen hat.

Im Alter von 24 Jahren, acht Tage nach der Geburt seiner einzigen Tochter, starb der Autor in Stuttgart an Nervenfieber. 1827 erschien sein Kunstmärchen *Das kalte Herz*. Es spielte im Schwarzwald, und dieses Gebirge war für den Dichter aus der Stadt ein Sehnsuchtsort. Doch er schwärmte kaum von der Natur, die »unermessliche Menge herrlich aufgeschossener Tannen« tat er mit wenigen Sätzen ab. Er verklärte die Bewohner dieses wilden Walds:

> Sie sind größer als gewöhnliche Menschen, breitschultrig, von starken Gliedern, und es ist, als ob der stärkende Duft, der morgens durch die Tannen strömt, ihnen von Jugend auf einen freieren Atem, ein klareres Auge und einen festeren, wenn auch raueren Mut als den Bewohnern der Stromtäler und Ebenen gegeben hätte.

Doch die Gier hat diese edlen Halbwilden verdorben:

> Vor etwa hundert Jahren, so erzählte es wenigstens mein Ehni, war weit und breit kein ehrlicheres Volk auf Erden als die Schwarzwälder. Jetzt, seit so viel Geld im Land ist, sind die Menschen unredlich und schlecht.

Das kalte Herz erzählt von dem armen Köhler Peter Munk. Als er vom Reichtum der Holzherren erfährt, die Schwarzwälder Tannen nach Holland verkaufen, nagt der Neid an ihm.

In Holland gibt's Gold,
Könnet's haben, wenn Ihr wollt,
Um geringen Sold
Gold, Gold.

Da verkauft der Kohlenmunk-Peter sein Herz dem Holländer-Michel. Dieser Teufel kommt in der riesigen Gestalt eines Flößers daher und setzt ihm ein hartes Herz aus Marmor in die Brust. Munk wird reich. Er weint nicht mehr, seine Augen werden so trocken wie das Land im Juli. Doch er kann sich auch nicht mehr freuen. Es ist ihm, als ob er nur noch halb lebte. Er heiratet das schönste Mädchen des ganzen Schwarzwalds, doch in einem Anfall von jährzornigem Geiz schlägt er seine Frau mit dem Griff seiner Peitsche tot.

Er empfindet keine Reue, aber das Leben ödet ihn an. Schließlich hilft ihm das Glasmännlein. Der gute Geist des Waldes zeigt ihm, wie er sich mit einer List sein weiches Herz wieder holen könne. Der Holländer-Michel hält es in einer Kammer unter Verschluss, dort liegen auch die Herzen der reichen Holzherren.

Jetzt wird alles gut. Peter Munk übt wieder sein ehrliches Handwerk aus, und als Grauhaariger sagt er: »Es ist doch besser, zufrieden zu sein mit wenigem, als Gold und Güter haben und ein kaltes Herz.«

Wundert es dich, dass die DDR aus diesem Stoff einen Film gemacht hat? 1950 hat die *DEFA* das *Kalte Herz* auf die Leinwand gebracht.

Die Anschauung für dieses Märchen hat Wilhelm Hauff

im Murgtal gefunden. Die mündliche Überlieferung berichtet von Besuchen in Schwarzenberg. Der dortige Pfarrer war ein Verwandter von ihm. Der Geistliche heiratete die Tochter des Sonnenwirts, sie war die Enkelin eines gewissen Philipp Andreas Klumpp. Dieser hatte 1752 zu den acht Gründern der *Holländerholz-Compagnie* in Calw gehört.

Nach zähem Geschacher bekam diese Gesellschaft vom württembergischen Herzog die Konzession, das Holz aus dem oberen Murgtal nach Holland zu verkaufen. Die Großmacht brauchte diesen Rohstoff in rauen Mengen. In Amsterdam baute man aus Schwarzwälder Baumstämmen Häuser und zimmerte die Masten von Segelschiffen. Die größten Tannen waren 50 Meter lang und hatten einen Durchmesser von zwei Metern. Laut Vertrag durfte die Calwer Compagnie jedes Jahr 2500 große Holländertannen und 2000 Stämme gemeines Bauholz fällen.

Der Transport war abenteuerlich. Die Murg war ein wildes Gewässer, mit Steinen verblockt, ihr Wasserstand unterlag gewaltigen Schwankungen. War er niedrig, musste der Fluss gestaut werden. Man brauchte einen großen Schwall, um ein Floß schwimmen zu lassen. Also wurden an der Murg so genannte Wasserstuben gebaut. Aber sie halfen nicht über die Klippen der Politik. Hinter Schönmünzach wurde der Fluss ja badisch. Zur Flößerei brauchte man die Zustimmung des Markgrafen, ferner die des Bischofs von Speyer, dem Ländereien bei Gernsbach gehörten. Der geistliche Herr zierte sich, die Wasserstuben verfielen.

Also schleiften die Schwaben das Holz über die Berge. Von Klosterreichenbach zogen sie es den steilen Osthang des Murgtals hinauf, für eine einzige Holländertanne waren 12 bis 14 Pferde nötig. Von Igelsberg ging es wieder hinunter in die

Erzgrube, an der Nagold band man die Flöße zusammen. Über Enz, Neckar und Rhein kam das Schwarzwälder Holz nach Holland.

Eine Handelskompanie ließ eine Transportmaschine konstruieren. 1755 baute sie bei Huzenbach eine gut zwei Meter breite Rinne den Berg hinauf. Sie war 1200 Meter lang, mit Hilfe von Seilen und Walzen überwanden die Baumstämme wie auf einem Förderband einen Höhenunterschied von 350 Metern. Das dauerte mindestens sechs Stunden, 100 Arbeiter mussten die Treträder mit Muskelkraft antreiben. Es kam zu Unfällen, der Amtmann rügte die Maschine als missraten. Drei Jahre später wurde der Betrieb eingestellt.

Die Huzenbacher Maschine wirkt wie ein Vorzeichen des industriellen Zeitalters. Waldarbeiter von auswärts kamen ins Murgtal. Man erwartete, dass sie nach getaner Arbeit wieder gingen. Aber es war wie später bei den Gastarbeitern: Sie blieben und gründeten Familien. Das Murgtal erlebte eine zweite Welle der Besiedlung. In 50 Jahren wuchs die Bevölkerung auf das Dreifache, von Obertal bis Zwickgabel entstanden neue Siedlungen.

Der Holzrausch des 18. Jahrhunderts war das Wetterleuchten einer neuen Zeit. Eine Großmacht braucht Rohstoffe, also wird ein unterentwickeltes Gebiet geplündert. Die Freiheit der Einheimischen war dahin. Sie durften kein Holz mehr ausführen, selbst ein Holländerholz-Zerkleinerungsverbot wurde erlassen. Die Gemeinde Schwarzenberg stritt 22 Jahre lang erfolglos mit den Beamten des Herzogs, wenigstens Sägklötze auf eigene Rechnung und ohne Abgaben verkaufen zu dürfen.

In ihrer Gier plünderten der Herzog und seine Holzherren den Wald, bis es zu spät war. Zu Beginn des 19. Jahrhunderts standen Holländertannen nur noch in unzugänglichen Lagen. Die württembergischen Ministerien des Innern und der Finanzen beklagten 1824 den Kahlschlag:

> Man verschwendete die großen Holzvorräte der Murggegend und wirtschaftete so, als ob dieselbe nicht zu erschöpfen, die Waldungen nicht zu verderben wären … Bei dem eingetretenen Mangel an altem Holz trat eine gänzliche Geschäftslosigkeit der Flößer, Holzmacher usw. ein. Es ist daher nicht zu verwundern, daß von dieser Zeit an der Wohlstand jener Gegend zu sinken begann.

Dieses Schreiben setzten Beamte auf, die bei Hof im fernen Stuttgart keine Not litten. Im Murgtal verhungerten Kinder. Ein Beobachter beschrieb die Zustände drastisch:

> Viele Leute leben von etwas Milch, Brennnesseln, Sauerampfer, haben keine Kräfte mehr zu arbeiten und bekommen eine gelbgrüne Farbe, welche sie fast unkenntlich macht.

In seinem Märchen zog Wilhelm Hauff eine Scheidelinie durch den Schwarzwald. Im württembergischen Teil fällten die Menschen Bäume und flößten das Holz nach Amsterdam. Hier herrschte der herzlose Holländer-Michel. Mit dieser Charakteristik erfasste der Dichter die historische Wirklichkeit: Der Kahlschlag ging auf das Konto der Schwaben. Die Lizenz zum Raubbau erteilte Herzog Carl Eugen, der Geld brauchte für eine Hofhaltung, die weit über seine Verhältnisse ging. Der Herrscher beutete seinen Wald aus, als ob's eine ferne Kolonie wäre. Die Tannen aus dem Murgtal finanzierten den Pomp des Schlosses *Solitude*.

Die bessere Welt verlegte der Schwabe Hauff in den badischen Schwarzwald. Dort trugen die Menschen die schöneren

Trachten. Sie lebten von der Glasbläserei, und dort herrschte das gutherzige Glasmännlein.

Na ja, sagt der Lehrer, der mich durch das Hauff-Museum führt, ich könne mir ja ein eigenes Bild machen. Dazu müsse ich allerdings ins hinterste Eck des Murgtals. Also setze ich meinen Abstecher vom Westweg fort und gehe flussaufwärts. Wieder kommen Sägewerke, vor einem liegt ein haushoher Stapel Langholz. In Mitteltal haben die Einheimischen eine klare Einteilung vorgenommen: Der rechte Hang ist die Sommerseite, der linke die Winterseite. Sie liegt länger im Schatten, deshalb hält sich hier der Schnee bis weit ins Frühjahr hinein. Ursprünglich siedelten die Bauern auf der Sommerseite. Die Waldarbeiter, die mit dem Holzrausch kamen, mussten auf die Winterseite. Diese Scheidelinie hat sich lang im Bewusstsein der Bevölkerung gehalten: Noch im 20. Jahrhundert gab es Väter von der Sommerseite, die ihre Töchter nicht mit einem von der Winterseite verheiraten wollten.

Mein Weg führt am guten Hang durch saftige Wiesen. Kühe grasen, sie sind klein und bewegen sich geschickt im steilen Gelände. Ihre Kälber schauen mit dunklen Augen treuherzig aus wollweißen Köpfen. Ich gelobe, nie wieder ein Wiener Schnitzel zu essen. In den Ritzen von Trockenmauern wachsen Farn und Heidelbeeren. Ein Bach schlängelt sich vom Waldrand ins Tal, frisch gespaltenes Holz legt helle Streifen ins Gras.

Ein großes Dach leuchtet silbergrau. Es ist mit Holzschindeln gedeckt und gehört zum Morlokhof. Dieser stammt aus dem Jahr 1789 und ist liebevoll restauriert. Am Giebel hängt ein Starenkasten, die hölzernen Regenrinnen ragen wie Fühler weit über die Wiesen. Aber etwas passt nicht an diesem Bild. Dieser Bauernhof sieht anders aus als die Postkarten aus dem Südschwarzwald.

Es liegt am Dach. Dieses hat keinen Walm und steht kaum über. Es gibt dem Anwesen nicht die Geborgenheit des Schwarzwaldhauses. Dafür lässt es durch die kleinen Sprossenfenster mehr Licht in die Stuben. Sie bieten einen freien Blick übers Tal, hinten duckt sich der Hof an den schützenden Hang. Im Sockel aus Sandstein ist der Stall untergebracht, der Platz unter der Treppe wurde als Hundehütte genutzt. Im Bauerngarten neben dem Leibdinghaus wachsen Mangold und Hagebutten.

Auf der Karte werden die Namen finster. Ein altes Flurstück ist als *Fegfeuer* verzeichnet, dann kommt die *Höll*, und das *Aiterbächle* klingt auch nicht verlockend. In Obertal gabelt sich die Murg, ich biege links in ein Seitental. In Buhlbach erscheint die Anekdote aus dem 19. Jahrhundert glaubhaft, die von einer alten Frau erzählt. Sie gehörte zur katholischen Minderheit, und als es ans Sterben ging, ließ sie den Pfarrer rufen. Der Priester musste aus dem Badischen kommen. Als er das Haus endlich gefunden hatte, versuchte er, die Frau zu trösten, der Erlöser sei für sie gestorben. Worauf sie ungläubig fragte: »Ist er wirklich gestorben, der gute Mann? In unserem Winkel erfährt man aber auch gar nichts.«

Buhlbach

Wo das Tal zum Berg wird, kurz bevor der Wald die schmalen Wiesen schluckt, steht ein Haus mit einem Riss. Das Ziegeldach ist noch in Ordnung, es hängt nur ein bisschen durch. Die Holzschindeln der Fassade sind ausgebleicht, in der Seitenwand klafft eine Lücke. Von außen ist im Halbdunkel des Raums eine Badewanne zu erkennen. Durch dieses Loch im Haus muss jahrzehntelang Wasser geflossen sein, denn unter dem Riss ist direkt am Fundament ein Ahorn gewachsen. Sein Stamm hält das Haus, seine Äste ragen über die Dachrinne. Ein Bauzaun sichert die Ruine. In besseren Tagen war dieses Anwesen der *Löwe*, ein Gasthaus mit eigener Brauerei.

Daneben steht ein breiter Bau. Er ist zwei Stockwerke hoch, solide gemauert, Leibungen aus rotem Sandstein rahmen die Türen. Durch das breite Holztor pfeift der Wind. In der zugigen Halle steht ein kalter Schmelzofen, vor dem ein geborstenes Gefäß auf dem staubigen Boden liegt. Innwandig ist es mit einer grünen Glasschicht überzogen.

Eine Frau führt durch die ehemalige Glashütte. Sie hat sich eine Schürze wie aus dem Freilichtmuseum umgebunden, hält eine schwere Flasche ins fahle Licht und beginnt zu erzählen. Von 200 Arbeitern, die im Jahr 600 000 Champagnerflaschen geblasen haben, und vom russischen Zaren, der aus ihnen getrunken hat. Aber da wird sie resolut unterbrochen: »Dora, mach schneller, es zieht.«

Sabine Rothfuß reibt sich die klammen Hände. Ihr rundes Gesicht erinnert an ein trotziges Kind, das sich der Welt widersetzt. Dieser Frau traut man zu, mit Handwerkern auf dem Bau fertig zu werden. Die Rolle der Architektin würde man ihr im Film nicht geben. Was sie sagt, klingt bodenständig. Beim ersten Satz ahnt man noch nicht, wie gründlich sie sich mit den Dingen auseinandersetzt.

Sabine Rothfuß wurde 1956 in Mitteltal geboren. Ihre Mutter war die Lehrerin im Dorf. Ihr Vater arbeitete mit Holz, er war Drechsler. Nach dem Abitur studierte sie, aber nicht in Karlsruhe. Sie wollte weit weg und ging nach München. Später ließ sie sich mit ihrem Architekturbüro in Mittelfranken nieder. Dort war der Abstand zum Schwarzwald groß genug. »Von den Leuten, die mit mir Abitur gemacht haben, ist keiner zurückgekommen«, sagt sie.

Der württembergische Herzog Carl Eugen vergab 1758 die Konzession für eine Glashütte in Buhlbach. Da dieser Ort hart an der Grenze zum Badischen lag, erließ er die Auflage, »vorzüglich Landesunterthanen« zu beschäftigen. Als eine gewisse Familie Böhringer die Glashütte übernahm, entwickelte sich diese zu einem der größten Industriebetriebe des Schwarzwalds. Eine alte Abbildung zeigt eine Fabrik mit drei rauchenden Schloten. 1825 gelang den Glasbläsern im hintersten Winkel des Murgtals eine technische Meisterleistung, mit der sie die Konkurrenz überflügelten: Aus dem Glas, das im Schmelzofen auf 1300 Grad erhitzt wurde, stellten sie druckfeste Champagnerflaschen her. Die deutschen Sektkellereien Kessler, Kupferberg und Henkel orderten den *Buhlbacher Schlegel*, die grünen Flaschen wurden bis nach Ungarn geliefert.

Der Niedergang begann 1855. Die Glasindustrie im Flachland heizte jetzt mit Steinkohle. Die alten, mit Holz befeuerten Öfen waren nicht mehr konkurrenzfähig, und der Transport des neuen Brennstoffs in den Schwarzwald war zu teuer. 1903 ließen sich die Böhringers noch eine Fabrikantenvilla mit Erkern und Türmchen bauen. Aber sechs Jahre später war in Buhlbach der Ofen aus. Die Glasbläser mussten schauen, wo sie blieben.

In Archiven fand Sabine Rothfuß Hinweise, dass der Schriftsteller Wilhelm Hauff die Glashütte Buhlbach besucht hat. Staunend stellte sie fest, dass sich die Fabrikanten Böhringer 1848 auf die Seite der Revolution schlugen. Mit ein paar bewaffneten Männern aus dem Murgtal und aus Freudenstadt wollten sie nach Stuttgart ziehen, um den König zu stürzen. Sie kamen bis Horb. Dort blieb die erhoffte Unterstützung aus, also kehrten sie wieder um. Doch allein der Versuch reichte für zwei Jahre Haft auf dem Asperg.

Dieser Umstand erfüllt Sabine Rothfuß mit Stolz. Der Aufbruch von 1848 war nicht ausschließlich eine badische Angelegenheit, wenigstens ein paar Schwarzwälder Schwaben hatten auf der Seite des Fortschritts gekämpft. Beschämend findet sie dagegen die Haltung der Baiersbronner zu ihrer Geschichte. Ihre Jugend empfindet sie als die Zeit des zweiten Kahlschlags im Murgtal. Hemmungslos wurden alte Häuser abgerissen. Auch die Schindeln an den Fassaden schienen nicht länger erhaltenswert, obwohl sie den Ortschaften im Nordschwarzwald das Gesicht geben. Sie sind handgeschnitzt aus Fichtenholz. Man braucht 400 Schindeln, um einen Quadratmeter Wand vor Schnee und Regen zu schützen. Doch statt den Schindelschild neu zu streichen, nagelte man in den Siebzigerjahren Eternit an die Fassaden.

»Ich reagiere mit körperlichem Schmerz auf diese Zerstörung«, sagt die Architektin. Ihre Trauer klingt nicht weinerlich. Der Verlust stachelt vielmehr ihren Widerstand an. Im Jahr 2004 wollte die Gemeinde die letzten Überreste der Glashütte Buhlbach abreißen lassen. Die Gemeinderätin Dora-Luise Klumpp stemmte sich mit einer kleinen Minderheit gegen diesen Beschluss.

Seither kämpft Sabine Rothfuß gemeinsam mit ihr um dieses Zeugnis Schwarzwälder Geschichte. Sie warb erfolgreich um Fördermittel. Aus der Ruine soll ein Museum werden, das seine Besucher auf eine Zeitreise schickt. Sie sollen eintauchen in eine Welt aus Holz und Glas.

»Der Kahlschlag des 18. Jahrhunderts wirkt bis heute nach«,

sagt die Architektin, »damals haben die Murgtäler ein Stück weit ihre Wurzeln verloren.« Die Erzählungen von Not und Armut kennt sie von ihrem Vater. Der schlief als Bub unter dem Dach. Im Winter legte er sich die Katze ins Bett, weil das die einzige Wärmequelle im Raum war. Der Großvater verdingte sich als Tagelöhner. Als die Schwarzenbachtalsperre gebaut wurde, ergriff er diese Chance zur Arbeit, auch wenn das bedeutete: in der Nacht drei Stunden Fußmarsch zur Baustelle, dort neun Stunden Steine schleppen, anschließend drei Stunden Heimweg, sechs Tage die Woche. »Die arme Zeit war ein Trauma. Deshalb hat man hemmungslos alte Häuser abgerissen. Weil sie an diese Vergangenheit erinnern.«

Auch Bäume mussten dem Fortschritt weichen. »Meine Mutter hat immer erzählt, wie ich als Kind weinend nach Hause kam, weil die beiden Linden vor der Kirche gefällt wurden. Diese Bäume, ein Symbol des Friedens, seit jeher ein Ort der Versammlung, fielen dem Straßenbau zum Opfer.«

Deshalb fühlt sie sich in Mittelfranken wohl. Dort seien die Menschen tiefer mit ihrer Geschichte verwurzelt. »In den Dörfern stehen Bäume, denen nie die Axt angelegt wurde. Das tut mir gut, denn Bäume halten die Erinnerung aufrecht. Baiersbronn ist zwar voller Wald, aber kaum ein Baum ist älter als 200 Jahre.«

Im Gesteinsmahlhaus, einem schmalen Nebengebäude der Glashütte, funktioniert die Zeitreise prächtig. Die Schindeln sind frisch gestrichen und leuchten ochsenblutrot. Eine Helferin hat eine weiße Haube aufs graue Haar gesetzt und serviert in der Stube einen Apfelkuchen, wie Großmütter ihn für den Sonntag gebacken haben. Dora-Luise Klumpp zupft die Schleife an der Schürze zurecht und schenkt Kaffee ein.

»Frau Rothfuß, wo ist ihre Heimat?«

»Die Heimat ist der Ort, an den man gerne zurückdenkt, weil man schöne Erinnerungen hat. Baiersbronn ist nicht meine Heimat.«

»Haben Sie keine glücklichen Kindheitserinnerungen?«

»Doch, mein Bächle. Der Weißenbach, an dem ich gespielt habe. Und meine Höhle im Wald. Aber Heimat ist dort, wo ich gemeinsam mit anderen etwas gemacht habe. Wo ich Spuren hinterlassen habe.«

»Aber das tun Sie doch: Sie haben den Morlokhof restauriert. Seither können sich Fremde ein Bild machen von einem typischen Nordschwarzwälder Bauernhaus. Und jetzt bewahren Sie die Glashütte für die Nachwelt.«

»Das schaffe ich aber nur aus der Distanz. Wenn ich immer hier leben würde, könnte ich nicht bauen. Ich wäre hier zu stark in das Bewusstseinsfeld eingebunden – was man tut und was nicht, was geht und was nicht. Ich arbeite nur zwei Tage hier, den Rest der Woche bin ich weg. Diese Distanz verschafft mir Respekt.«

So ist das mit der Heimat: Sie ist ein zwiespältiger Ort. Wer ihre Enge nicht sieht, wird mit Kitsch bestraft.

Als wir wieder ins Freie gehen, weht ein wohltuender Wind. Die Luft riecht würzig, und die Architektin gerät dann doch noch ins Schwärmen über den Schwarzwald, genauer gesagt über die Schwarzwälder. Sie erzählt von den staubigen Brüdern. Das sind freiwillige Helfer, die sich jeden Montag zum Arbeitseinsatz in der Glashütte melden. Gerade haben sie das Dach mit alten Ziegeln neu gedeckt. »Das sind nicht alles Rentner. Viele haben schon einen Arbeitstag hinter sich, wenn sie am Montagabend auf die Baustelle kommen. Einen solchen Einsatz würden die Franken nicht bringen. Die Schwarzwälder sind zäh. Und sie haben Mut.«

Mit diesen Eigenschaften haben sie das Gesicht von Baiersbronn nach dem Kahlschlag neu geprägt. Im Tonbachtal betrieb die Familie Finkbeiner seit 1789 eine Schänke für durstige Holzfäller. 1920 verlief sich dort ein Professor aus Heidelberg bei einer Wanderung und bat um Obdach für die Nacht. Die Magd musste ihre Kammer räumen, am nächsten Tag riet der Fremde dem Wirt, ein Touristenzimmer einzurichten. 1954 hatte das Gasthaus *Traube* 28 Betten.

In den Gründerjahren der Bundesrepublik entwickelte Baiersbronn sein eigenes Wirtschaftswunder. Hier belebte die Konkurrenz lehrbuchmäßig das Geschäft. Der Förster von Mitteltal war im Krieg gefallen, seine Witwe musste schauen, wie sie ihre beiden Kinder durchbrachte. Hermine Bareiss pachtete das *Gasthaus Kranz*, 1950 kaufte sie auf der Sommerseite oberhalb des Dorfs einen Bauplatz und eröffnete ein Jahr später ein Kurhotel mit 25 Betten. Fortan lieferten sich die Familien Bareiss und Finkbeiner ein touristisches Wettrüsten: baute die eine ein Hallenbad, hielt die andere mit einem Meerwasserbecken dagegen.

Inzwischen ist die *Traube* der größte Arbeitgeber in Baiersbronn. Mehr als 300 Angestellte kümmern sich dort um 300 Gäste. Für Feinschmecker aus der ganzen Welt ist dieses Hotel zu einer Pilgerstätte geworden. Drei Michelinsterne weisen den Weg. Sie leuchten seit 1992 über der *Schwarzwaldstube*, dem Gourmet-Restaurant des Hotels.

Fünfzehn Jahre später konnte das *Bareiss* gleichziehen. 2007 verlieh der *Guide Michelin* auch hier seine Höchstnote. Doch damit war der Himmel über Baiersbronn noch nicht komplett. In Schwarzenberg, wo der junge Wilhelm Hauff einst den Pfarrer besucht hatte, übernahm Jörg Sackmann das Hotel seiner Eltern. Auch ihm verlieh der Michelin einen

Stern. Jetzt nennt sich Baiersbronn stolz das Sieben-Sterne-Dorf, und auswärtige Feinschmecker ergötzen sich an einem Gesellschaftsspiel der gehobenen Lebensart: Haben Sie in der *Schwarzwaldstube* schon die Variationen vom Taschenkrebs gegessen? Kennen Sie den Kaisergranat im Senfkrautblatt von Sackmann? Gut, der Käsewagen im *Bareiss* ist der größte, aber nichts geht über die Rebhuhnbrust bei Wohlfahrt.

Mitteltal

Ich will wissen, wie im Tal der Holzfäller die Hochküche schmeckt. Also besorge ich einen Einwegrasierer, bügle das gute Hemd und putze die Halbschuhe.

Du bist gut. Wo sollte ich ein Sakko hernehmen? Hast du einen Anzug im Rucksack, wenn du wanderst? Entsprechend beklommen schleiche ich zum Hotel *Bareiss*. Es ragt aus den Wiesen wie ein Kreuzfahrtschiff, das flussauf gefahren und neben dem Dorf auf Grund gelaufen ist. Rote Geranien schmücken die Decks, die Reling ist im Landhausstil gehalten. Die Schwarzwaldhäuser ringsum wirken wie Hafenschlepper. Eines benutzt der Hotelier als Kleiderkammer. Es ist bis über die hölzernen Klappläden mit Dirndln gefüllt, die Bedienungen tragen jeden Tag ein anderes.

Ein Geländewagen für die Stadt fährt vor. Der Mann steigt aus und öffnet die Heckklappe, die Frau übernimmt das Kommando zum Entladen. Er will den Joggingkinderwagen mit den grobstolligen Reifen auseinanderklappen, aber er macht das nicht richtig. Die beiden Kinder, noch auf dem Rücksitz angeschnallt, fangen an zu quengeln. Erste Unstimmigkeiten bedrohen den Urlaub, bevor er begonnen hat. Zum Glück eilt ein Portier herbei und übernimmt das Ausladen: zwei Golftaschen, ein Kickboard, ein Laufrad, Stöcke fürs Nordic Walking, zwei Kinderhelme, ein Beautycase, vier Koffer.

Im Restaurant ragt ein Blumengesteck mit Rosen und Lilien bis zum kristallenen Lüster an der Decke. Der Ober lässt mich nicht spüren, dass ich ein Wanderer bin. Er rollt den Aperitifwagen aus dunklem Holz an den Tisch, zeigt auf die Flaschen im silbernen Eiskübel und fragt, was es sein dürfe, der Hauschampagner oder die Jahrgangscuvée von Pol Roger. Am Nebentisch streift seine Kollegin im Seidendirndl einen weißen Handschuh über und hobelt Albatrüffel auf Kartoffelschaum.

Ein silberner Hummer in Lebensgröße ziert die Fensterbank. Nach dem vierten Amuse-Gueule erzählt der Oberkellner, dass ein Gast diesen Hummer kaufen wollte. Die Gründerin Hermine Bareiss hatte für ihr Hotel das ganz und gar unschwarzwälderische Motto ausgegeben: Für den Gast gibt es kein Nein. Also erkundigte sich der Ober. Der Hummer ist aus Silberhohlguss gearbeitet, stammt aus einer portugiesischen Werkstatt und sollte 20 000 Mark kosten. So steht er noch immer auf dem Fensterbrett aus massivem Kirschbaum.

Es ist ein seltener Luxus, zu Fuß in ein Gourmetrestaurant zu gehen. Ich bin jetzt drei Tage gewandert. Die Bewegung hat die stumpf gesessenen Sinne geschärft. Ich habe geschwitzt, unterwegs gab es Durststrecken, im Wald entdeckte ich ein verschüttetes Gefühl: Ich habe Hunger. Bei den Variationen von der Gänsestopfleber lebe ich auf. Fett ist nichts Böses, ganz im Gegenteil: Es schmeckt cremig und besänftigt den Magen. Die spitze Säure der Quitten bringt die breiten Aromen in eine raffinierte Balance. Erst bei den Langustinen in Artischockenfondue geht das nagende Gefühl im Bauch in wohligen Appetit über. Sechs Gänge sollen noch kommen. Aber ich muss nicht kokett über Kalorien stöhnen. Morgen werde ich wieder den ganzen Tag zu Fuß gehen. Der Aufstieg zur Badener Höhe liegt vor mir.

Diese Erfahrung wünsche ich dem Berufsesser von *Gault-Millau*. Er hat über dieses Restaurant geschrieben, als sei er übersättigt zu Tisch gegangen. Weiß dieser Mann noch, wie es sich anfühlt, wenn man sich aufs Essen freut? Er nölt ein bisschen, sucht ein Haar in der Suppe, findet keins, nimmt übel und verwechselt das mit Subjektivität, der Tugend aller Geschmacksrichter.

Am Nebentisch sitzen sechs Amerikaner. Am übernächsten übt eine Familie aus Frankreich mit ihren Kindern die hohe Esskultur. Die beiden sind im Grundschulalter und schneiden artig vom Rehkitzrücken. Die dunkelblauen Messergriffe passen farblich zum Teppichboden, kein Spritzer von der Kakaobohnensauce geht daneben.

Der Tisch mit den fünf Männern braucht nur bis zum Kaviar, um die Finanzwelt in Ordnung zu bringen. »Wir in Baden-Württemberg müssen das ja bezahlen«, verkündet der Wortführer, »also dürfen wir auch …« Da bricht er ab und grüßt artig nickend zum Hausherrn, der sein Restaurant betritt.

Hermann Bareiss trägt einen dunklen Zweireiher mit Einstecktuch. Das ondulierte Haar hat er zurückgekämmt, den Kopf beugt er vor zu den Gästen. Seine Freundlichkeit wirkt professionell, doch unter der polierten Oberfläche schimmert Herzlichkeit.

Die Kellnerin kommt mit einem breiten Silbertablett. Sie steuert von rechts auf meinen Tisch zu. Ihre Augen stellen eine stumme Frage an den Hotelier, der sich von links nähert. Mit einer Handbewegung gewährt er ihr das Vorrecht. Als der Schwertfisch mit schwarzem Reis serviert ist, setzt er sich zu mir.

Hermann Bareiss, Jahrgang 1944, ist in Mitteltal aufgewachsen. Aus der Nachkriegszeit erzählt er die Geschichte, wie er einer Bäuerin half. Als Belohnung schenkte sie dem Buben ein Ei. Unterm Wasserhahn wusch sie den Mist von der Schale und steckte es in eine Papiertüte, er solle es seiner Mutter bringen. Doch auf dem Heimweg weichte die Feuchtigkeit das Papier durch. Die Tüte riss, das Ei zersprang auf dem Boden, »und ich hab bitterlich geweint.«

Du musst jetzt nicht die Augen verdrehen. Diese Geschichte klang nur ein bisschen pathetisch. Ich hörte die Verwunderung eines Schwarzwälders heraus, der staunt, wie schnell sich das Blatt gewendet hat. Sein Küchenchef kann jetzt zweimal täglich frischen Fisch bestellen. Lieferanten überbieten sich, bretonischen Hummer und Kingfisch aus dem Pazifik fangfrisch in den Schwarzwald zu bringen. Wenn eine Seezunge dem Koch missfällt, wirft er den Fisch in die Tonne und streicht den Posten von der Rechnung.

Hermann Bareiss erachtet es als Vorteil, dass die Hotellerie in Baiersbronn nach dem Krieg bei null anfangen musste. Das Dorf hatte keine Tradition als Kurort, es gab keine mondänen Grandhotels.

»Außer dem Bauerntanzabend in der Schwarzwaldhalle hatten wir nichts zu bieten. Die Hotels mussten sich auf sich selbst besinnen. Das hat uns zu außergewöhnlichen Leistungen angestachelt.«

In die Küche ließ er ein Schild hängen, goldgerahmt: »Unsere gemeinsamen Ziele: Wir wollen die höchsten Auszeichnungen bei allen Restaurantführern erreichen!«

Der Wohlstand, den der Tourismus brachte, veränderte

das Tal. Die Landwirtschaft lohnte nicht mehr. Aus Bauern wurden Flutlichtbauern, die ein paar auf Leistung gezüchtete Kühe hielten. Diese waren zu groß und zu schwer für die Weiden an den steilen Hängen. Also wurde das Gras gemäht und gemulcht. Der Hotelier empfand das als Bedrohung für seinen Betrieb, denn aus den grünen Wiesen von früher wurden braune Hänge. Bareiss war klug genug, sein Sternerestaurant nicht als Luxusgalaxie zu sehen, die losgelöst über dem Tal schwebt. Er wusste, dass seine Gäste die Schwarzwaldlandschaft als romantischen Hintergrund zum getrüffelten Steinbutt erwarten.

So kam ihm eine Initiative aus dem Dorf gerade recht. Ein Nachbar wollte wieder das Hinterwälder Rind züchten. Diese alte Nutztierrasse war fast ausgestorben, weil sie weniger Milch und Fleisch erbringt als Hochleistungskühe. Doch diese kleinen Rinder hatten nicht von ungefähr über Jahrhunderte die hiesigen Bauern ernährt. Sie sind leicht, genügsam und geländegängig.

Also unterstützte der Hotelier die Züchter. Er versprach, ihnen regelmäßig schlachtreife Tiere abzukaufen, die dann in Form von Rindsrouladen seine Speisekarte schmücken würden.

»Schauen Sie sich die Wiesen um den Morlokhof an. Es ist eine Lust, dort spazieren zu gehen.« Der Hotelier strahlt. Natürlich spricht da ein Unternehmer, der nüchtern seine Bilanz betrachtet. Aber da schwärmt auch ein Schwarzwälder von einer geretteten Landschaft.

So also stehen die Dinge im Murgtal, zwei Jahrhunderte nach der Katastrophe des Kahlschlags: Der Ober fährt einen dreistöckigen Käsewagen an den Tisch. Als Dessert gibt es einen flüssigen Raviolo vom Apfel mit Safran und Mandeln.

Der Amerikanerin am Nebentisch sagt das nicht zu. Sie bestellt ein großes Stück Schwarzwälder Kirschtorte.

Großer Heiligenwald

In Forbach gehe ich auf einer gedeckten Holzbrücke über die Murg. Meine Füße sind Hypochonder. Die Haut an Fersen und Zehen ist heil. Aber vor mir liegen 80 Kilometer, auf denen ich durch keine Stadt kommen werde. Nicht einmal ein Dorf werde ich streifen. Die nächste Apotheke kommt erst in Hausach. Vorsichtshalber kaufe ich Blasenpflaster. Die Apothekerin rät mir noch zu Hirschtalg, mit einem Stift problemlos aufzutragen. Der werde gern von Frauen genommen, die von hochhackigen Schuhen wunde Füße hätten.

Auch ohne Holländertanne im Schlepp ist der Aufstieg aus dem Murgtal anstrengend. Bis zur Badener Höhe sind es 700 Höhenmeter, verteilt auf neun Kilometer. Aber der Weg ist wunderbar. Weil er kein Weg ist, sondern ein Pfad. Kein stupides Latschen auf monotonem Schotter. Es ist nicht damit getan, mechanisch die Beine zu heben. Die Sinne sind beschäftigt, die Füße tasten sich über wechselnden Grund. Es geht über knorrige Wurzeln. Ihr graues Geflecht überzieht rotbraune Erde, ihre silbernen Adern verschwinden unter grünem Farn.

Am Herrenwieser See esse ich mein Käsebrot. Die Luft ist zurückhaltend blau, der Himmel scheint näher als sonst. Der See schaut wie ein dunkles Auge aus dem Wald. Am Ufer wächst Schwingrasen, der grüngolden schimmert. Ist das ein Feuchtgebiet! Niemand macht künstlichen Lärm, alles ist still.

Doch dann kommt der Krach. Einer fängt an, der Nächste will ihn anscheinend übertönen. Er macht das gleiche Geräusch, kreischt aber noch lauter. Im Nu ist der Wald voll von diesem stumpfsinnigen Gleichklang. Aggressiv heulen die Kettensägen. Für die Männer, die diese Maschinen bedienen, hat sich im Schwarzwald ein Begriff von eigener Aussagekraft gebildet. Man nennt sie nicht Waldarbeiter. Sie sind Holzmacher.

Einer steht vor dem Vesperwagen. Auf der einen Schulter trägt er einen Benzinkanister, auf der anderen eine Axt. Als er sie abstellt, reichte der Stiel bis zur Hüfte. Der Mann ist ein Hüne mit breitem Kreuz. Seine schmale Nase wirkt kühn, eine breite Narbe zieht sich über die linke Wange. Trotzdem hat sich in diesem großen Gesicht erstaunlich viel von einem Jungen gehalten.

Über der verschwitzten Stirn leuchtet ein warnfarbener Plastikhelm. Das Visier ist hochgeklappt, die Ohrenschützer stehen ab. Sie gehören zum lästigen Teil der Ausrüstung. Er benutzt sie wohl nie, so schlecht wie er hört. Der Holzmacher setzt den Kanister ab, stemmt seine Pranken in die Hüfte und wird in knappen Sätzen gesprächig. »Mai Weib duad Moggla en Herd.«

Das heißt, seine Frau heize den Herd mit Tannenzapfen an. Sie liegen ringsum auf dem braunen Waldboden. Auf seinem Hof wird nicht elektrisch gekocht, auch sprachlich hat er sich wenig Neuerungen aufschwatzen lassen. Das alte Wort »Weib« meint er nicht abwertend, so nennt er seine Frau. Der Mann wirkt grob, aber er ist kein Waldschrat. Freitagabends geht er in die Probe, er spielte im Posaunenchor die Tuba. Sein Lieblingslied heißt *Ein feste Burg ist unser Gott*, Nummer 201 im Choralbuch. Aber die alte Melodie, nicht die mit den halben Noten. Alle zwei Jahre macht er einen Ausflug zum Landesposaunentag nach Ulm, das ist für ihn ein Fest. Das Meer hat er noch nie gesehen.

Ein rundes Schild ist an den Vesperwagen genagelt. Sechs Stundenkilometer – schneller darf dieser Anhänger nicht bewegt werden. Aus dem Blechdach ragt ein schwarzer Kamin. Der Holzmacher erzählt von Stellen im Wald, wo noch Granatsplitter von den Franzosen in den Bäumen stecken. Seit einem halben Jahrhundert fällt er Fichten. Als junger Kerl ging er auf schmalen Wegen zu Fuß zur Arbeit. Die meisten sind zugewachsen, seit die geschotterten Forststräßchen angelegt wurden, weil auch die Waldarbeiter mit Maschinen fuhrwerkten.

Als die Motorsäge eingeführt wurde, floss Blut. Sie kostete den Holzmacher vom Heiligenwald zweieinhalb Finger und schnitt die Narbe in sein Gesicht. Aber diesen Fortschritt will er nicht zurückdrehen. Sein Körper weiß, was Handarbeit ohne Maschine bedeutet. In beiden Schultern hat er Arthrose. Wenn es feucht wird, spürt er Knie und Hüfte. Man sieht seinen Bewegungen die Mühe an. »Däded Sie emol räpple«, sagt er und lacht grimmig.

Das heißt, ich solle erst einmal ohne Maschine die Rinde von einem Baumstamm schälen, dann redeten wir weiter.

Seine Tochter hat er aufs Gymnasium geschickt. Sie machte Abitur, der Vater träumte von einem Medizinstudium. Aber das Kind hatte seinen eigenen Kopf, die junge Frau ging zu einem Schreiner in die Lehre. Das sei damals Mode gewesen, in den Achtzigerjahren hätten die jungen Leute geglaubt, Holz sei etwas Besonderes.

Da hätte ich gern in der Stube gelauscht. Als dieser Hüne das Rheuma nur vom Hörensagen kannte, und das Kind gegen den Patriarchen aufbegehrte.

»Net schwätza, schaffa.« Gutmütig beendet der Waldarbeiter seine Pause. Bevor er die Axt schultert, zeigte er mit dem Stiel den Weg hinauf. Dort oben habe er mit der Motorsäge etwas gemacht. Zum Abschied sagt er herzlich: »Kommet Se guat weiter!«

Hinter der übernächsten Biegung steht eine Skulptur. Dieses Wort würde der Holzmacher nie gebrauchen, es wäre ihm zu geschwollen. Aus einem hüfthohen Baumstumpf hat er einen Stuhl gesägt. Max Bill hätte seine Freude gehabt an den klaren Linien. Über den verschlungenen Wurzeln beginnen vier gerade Beine. Form und Funktion stimmen überein, kein Schnörkel lenkt ab von der Idee des Stuhls. Er lädt ein, Pause zu machen. Die Sitzfläche ist stabil, die Proportionen stimmen. Nur die hohe Lehne war dem Holzmacher zu schmucklos. Zur Verzierung hat er vier Rillen in die Fläche gesägt.

Badener Höhe

Der Aussichtsturm kommt mir bekannt vor. Er sieht aus wie der Zwilling des Turms auf dem Hohloh, der vormals nach Kaiser Wilhelm hieß. Die Badener hatten mehr Glück mit der Namensgebung als die Schwaben. Hier steht der Friedrichsturm. Er heißt seit 1890 nach dem Großherzog von Baden, dabei konnte es bleiben. Der Sandstein ist für die Ewigkeit gemauert.

Ein Paar diskutiert. Sie sagt: »Muss ich nicht haben, jetzt auch noch diese Stufen.« Seine Überredungsversuche bleiben ohne Erfolg, er steigt allein die Wendeltreppe hinauf. Sie verpasst etwas. Egal, wohin man sich auf der Plattform dreht – das Panorama ist gewaltig.

Der ganze Nordschwarzwald breitet sich unter mir aus. Im Osten meine ich, die Kammlinie von gestern zu erkennen.

Im Westen liegt hinter den dunklen Hängen ein breites Tuch wie gebügelt. Der Rhein schimmert als Silberfaden. Dahinter erhebt sich der Zwilling des Schwarzwalds. Die Vogesen liegen bleich im Dunst.

Durch die Reisebeschreibung von Mark Twain wurde der *Black Forrest* in Amerika berühmt. Im Ersten Weltkrieg lag Ernest Hemingway in Italien an der Front und träumte vom Schwarzwald. Jahre später kam er und wanderte, begleitet von seiner Frau und einem befreundeten Ehepaar. Sie erlebten Wirtshäuser, in denen saurer Wein ausgeschenkt wurde. Vor den Fenstern dampften Misthaufen. Die Sonne brannte, die Straße war staubig, ein Deutscher Schäferhund bellte. Nach sieben Kilometern durch unwegsames Gelände fragten die Wanderer aus Amerika in einem Gasthaus nach zwei Doppelzimmern. Das Erlebnis süddeutscher Gastlichkeit schilderte Hemingway in einer Reportage. Sie trägt den Titel *Im Rössle*:

> Die Wirtin wollte etwas sagen, aber der Wirt blitzte sie an, während ihm die Zwiebelsuppe aus dem Schnurrbart rann. ›Ihr könnt hier überhaupt keine Zimmer bekommen, heute nicht und morgen nicht und nie, ihr Ausländer‹, schnarrte er.
> Bill wollte ihn beruhigen, indem er sagte: ›Herr Trinkler in Triberg empfahl Sie uns. Wir wollen hier angeln.‹
> ›Trinkler?‹ Seine Unterlippe schob sich hoch und sog die Zwiebelsuppe aus dem Bart. ›Trinkler hat hier gar nichts zu sagen.‹

Nach 12 Kilometern erreiche ich das *Naturfreundehaus Badener Höhe*. Es sieht einladend aus: Sprossenfenster und weiße Klappläden, auf dem breiten Balkon bunte Schirme. Die Sonne scheint warm genug, um im Freien zu essen. Es ist wenig los, aber es kommt keine Bedienung. Zum Bestellen muss ich die Treppe hinauf und ins Innere der Hütte. Den Wurstsalat bekomme ich zackig auf ein Tablett gestellt, das an die Jugendherberge erinnert. Ich muss gleich bezahlen. Wer etwas Warmes bestellt, bekommt eine Nummer.

Als ich friedlich bei Weizenbier und Wurstsalat sitze, geht über mir ein Fenster auf. Die Wirtin ruft genervt: »Sechsunddreißig!«

Niemand steht auf, um seine Suppe oder was auch immer zu holen.

Eine Minute später fliegt das Küchenfenster auf. Der Wirt brüllt: »Sechs-und-drei-ßig!«

Weisungswidrig trage ich mein Tablett nicht zum Tresen zurück. Ich lasse es auf dem Tisch und bringe mich in Sicherheit. Am nächsten Außenposten der Zivilisation kaufe ich eine Postkarte, setze mich hin und schreibe:

Sehr geehrter Kollege Hemingway,

seit Ihrer Wanderung hat sich im Schwarzwald manches verändert. Es gibt Gasthäuser mit Duftstäbchen auf dem Klo, die nach Pfirsich riechen. Selbst Holländer werden in der Regel nicht gröber behandelt als Einheimische. Auch saurer Wein wird nicht mehr ausgeschenkt. Aber die Rössle haben sich gehalten.

Hundseck

Die Nacht verbringe ich in Unterstmatt. Die Wirtsleute nennen sich Marianne und Michael. Wer wissen will, wie viel Nippes auf eine Fensterbank passt, sollte sie besuchen. Als ich Marianne frage, seit wann es diese Hütte gäbe, handle ich mir eine Zurechtweisung ein: »Sagen Sie ja nicht Hütte! Das ist ein Berggasthaus.«

Die Hochkopfstube liegt im Bann der B 500. Motorradfahrer empfinden die lang gezogene Kurve als Herausforderung. Sie schalten herunter, dann geben sie Gas für die anschließende Steigung. Sie fahren auf der ältesten Panoramastraße Deutschlands. In den Zwanzigerjahren des 20. Jahrhunderts beteiligte sich die Reichspost am Bau dieser Ausflugsstraße. Sie beginnt in Baden-Baden, 1930 erreichte sie Unterstmatt. Wo sich Ausflügler vorher nur im Sommer auf grob geschotterten Holzabfuhrwegen bewegen konnten, gab es nun eine asphaltierte Straße für den Ganzjahresbetrieb. Für den Massentourismus in Deutschland hat sie Meilensteine gesetzt.

Die Schwarzwaldhochstraße verbindet eine Reihe von Höhenhotels. Wenn Ältere ihre Namen aussprechen, schwingt Ehrfurcht vor dem Mondänen mit: *Bühlerhöhe, Plättig, Kurhaus Sand*. Aber entweder waren sie schon länger nicht mehr hier oben, oder sie wollen den Glanz ihrer Kindheit nicht verblasst wissen.

Man kann noch ahnen, welch großzügigen Charme diese erhabenen Häuser einst ausgestrahlt haben. Am späten Nachmittag bin ich am *Hundseck* vorbeigekommen. Der beeindruckende Bau ist ganz mit Holz verkleidet. Der skandinavisch anmutende Stil passt in die raue Höhe des Schwarzwalds, der Entwurf stammt von einem renommierten Architekten aus Baden-Baden. Er hat dort die Kunsthalle und das *Kurhotel Brenner* gebaut, 1896 zeichnete er die Pläne für das *Hundseck*. Es verfügte von Anfang an über elektrisches Licht, zum Amüsement der Gäste wurde ein zahmer Rothirsch gehalten. Als weitere Extravaganz gönnte man sich auf 890 Metern Meereshöhe ein Schwimmbad. Das mondäne Höhenhotel wurde zum beliebten Ausflugsziel der Baden-Badener Gesellschaft.

Dann begann der deutsche Abstieg. 1943 wurden Kinder aus Mannheim ans abgelegene Hundseck verschickt, nach Kriegsende hausten hier französische Soldaten. Ab 1957 schickte die Ruhrknappschaft kranke Bergarbeiter zur Kur in die Schwarzwaldluft. Später sollte das Haus als Heim für Asylbewerber herhalten, dann für Schüler aus Ostdeutschland. Beide Pläne scheiterten, jetzt ist das Höhenhotel ein Fall für die Baupolizei.

Seit nur noch die Fußlahmen der Freizeitgesellschaft mit dem Bus in den Urlaub fahren, seit der große Tourismus ferne Sehnsuchtsziele anfliegt, setzt man an der Schwarzwaldhochstraße auf den Winter. Für einen Skiabfahrtshang wurde am Hundseck eine Schneise in den Wald geschlagen. Die nächste kommt in Unterstmatt. Auch hier ist die Piste kurz, nur die Schirmbar hat Tiroler Format. Irgendwann merkten die Skifahrer, dass sie in den Alpen keine halbe Stunde in der Schlange am Lift stehen müssen für 90 Sekunden Abfahrt. Da versuchten die Schwarzwälder, im Sommer mit dem Wintervergnügen zu locken. Am Mehliskopf gibt es jetzt eine Ganzjahresbobbahn.

Beim Duschen in Unterstmatt riecht das Shampoo nach Aprikose. Auf dem Parkplatz vor der Hochkopfstube bricht eine Familie auf. Das Mädchen lebt in der Welt von Lillifee. Sie hat eine lila Keksdose und einen lila Rucksack, der mit einem Rehlein verziert ist. Der große Bruder ärgert seine kleine Schwester. Er nimmt den lila Rucksack und tut so, als schleudere er ihn ins Unterholz. »Bambi will in den Wald«, sagt er. Das Mädchen heult, auf der B 500 gibt der letzte Motorradfahrer Gas.

Über den Fichten sinkt die Sonne. Schleierwolken verwischen das Licht über dem Rheintal. Die Luft bekommt Farben.

Sie leuchten so intensiv, dass sie künstlich wirken. Lila geht in Rosa über, und ich träume von einer Welt, die nicht bis zum Himmel von Waren geprägt ist. In der man nicht gleich an *Milka* denkt, wenn man am Abend nach Westen schaut.

Hornisgrinde

Ohne langes Vorgeplänkel beginnt am nächsten Morgen der Aufstieg zum höchsten Gipfel des Nordschwarzwalds. Die Hornisgrinde ist 1164 Meter hoch und bekannt für extremes Wetter. So viel wie hier regnet es erst wieder im Norden Schottlands. Die Durchschnittstemperatur liegt bei 4,9 Grad, den Sommer mitgerechnet. Sebastian Münster, ein großer Gelehrter des Humanismus, hat 1544 in seiner *Cosmographia universa* über den Schwarzwald geschrieben: »Ist gar ein winterig/kaltes Land«.

Der heutige Tag bestätigt das. Zum ersten Mal hole ich alle Schichten aus dem Rucksack. Über Hemd und Weste ziehe ich den Fleecepulli, darüber die Regenjacke. Der Wind bläst alle Wärme aus der Landschaft. Er knattert an der helmtauglichen Kapuze, die Kälte pfeift am Hals, von unten kriecht sie die Hosenbeine hoch. Der Sturm drückt graue Flechten an die Rinde der Bäume, selbst die niedrigen Preiselbeersträucher zwirbelt er.

Die Hornisgrinde ist ein kahler Kopf. Auf braunem Grund wächst Borstgras, der Wind biegt es nach Osten. Die Feuchtigkeit treibt in Schwaden über das Hochmoor. Moosbüschel haben sich vollgesogen wie Schwämme, im lila Heidekraut perlen Tropfen. Der Berg ragt wie eine Insel aus dem Waldmeer. Die torfige Hochfläche steigt an wie eine Düne, darüber ist nur noch grauer Himmel zu sehen. Kommt auf der anderen Seite der Strand? Rau wie an der Nordsee im November?

Ein Mooskissen leuchtet schwefelgelb. Von Westen schiebt der Sturm eine Graphitplatte heran. Sie droht, sich auf den kahlen Gipfel zu senken. Der Himmel wird zu einem schmalen Schlitz. Macht der dunkle Deckel den Aussichtsturm platt? Gleich wird er den Schaft aus klobigem Sandstein zermalmen. Dann fehlt im Hauptdreiecksnetz der deutschen Landvermesser ein Festpunkt erster Ordnung.

Die Hornisgrinde bildet ein mehrere 100 Meter langes Plateau. Es ist exponiert, aber flach und gut zugänglich. Deshalb wurde dieser Berg zum Nutzraum der technischen Zivilisation. Schon in den Zwanzigerjahren starteten hier Segelflieger. Bald darauf besetzte die Wehrmacht diesen Posten an der Grenze. Die Franzosen übernahmen ihn nach dem Krieg, bis 1996 blieb die Hornisgrinde militärisches Sperrgebiet.

Jetzt weht auf dem Aussichtsturm Schwarz-Rot-Gold im Wind. Man kann hier oben heiraten, auf Wunsch kommt der Bürgermeister von Seebach. Die Kartenverkäuferin erzählt stolz, ihre Schwester habe sich auf diesem Gipfel trauen lassen.

Vom Glaskasten auf dem Turm sehe ich einen Sendemasten fürs Fernsehen, einen für die Post, einen für den Mobilfunk. Insgesamt komme ich auf sieben Stahltürme. Antennen quietschten rostig, ein Windrad rattert wie die alte Spülmaschine in der Wohngemeinschaft.

Eine französische Familie kommt die Treppe hoch. »J'ai peur de tomber«, sagt das Mädchen. Sie wollen das Elsass von oben sehen, aber das geht nicht, die Graphitplatte stößt bereits an den Turm. Als Nächstes wird sie die Mobilfunkantenne knicken.

Ein olivgrüner Mast hält sich mühsam. An ihm kommt Betrieb auf, ein paar Männer kurbeln hektisch. Ein Generator brummt, unter der Plane eines Lastwagens sind Stimmen zu hören:

> »Delta Mike Charly – geh von der Leitung runter – und dreiundsiebzig«.

Der tarnfarbene Sendemast ist feldmäßig nach vier Seiten abgestützt. Trotzdem muss er bei Windgeschwindigkeiten von mehr als 15 Metern pro Sekunde heruntergefahren werden, erklärt einer der Amateurfunker. Er bedauert dies, denn die Männer befinden sich in einem Wettbewerb. Es geht darum, innerhalb von 24 Stunden möglichst viele Verbindungen zustande zu bringen. Der exponierte Standort auf dem höchsten Gipfel des nördlichen Schwarzwalds ist ideal für den Funkverkehr mit der Welt, in der Nacht haben sie ihre Kenndaten mit einem Kollegen in Japan ausgetauscht. Aber jetzt wirft der Sturm sie zurück.

Unter der Plane riecht es muffig. Auf der Pritsche liegt Toastbrot, Plastikgabeln stecken in einem Eimer Nudelsalat. Ein Junge im Grundschulalter hat große Kopfhörer auf, sein Vater sitzt nervös neben ihm. »Sag noch mal dein Rufzeichen – bestätigen – und dreiundsiebzig.«

Zwei Experten peilen die Lage. »Normal schaffen wir tausend Verbindungen«, sagt der im Parka. Sein Kamerad winkt ab. Er kennt den Wetterbericht: »Der Sturm kostet uns 200.«

Katzenkopf

In den Achtzigerjahren wurde die Hornisgrinde berühmt. »Über allen Wipfeln ist Gift«, schrieb der *Stern*. Der *Spiegel* drehte die Spirale des Alarmismus eine Windung weiter: »Der Wald stirbt«. Bald hatten die Franzosen ein neues Fremdwort, »le waldsterben«.

»Bis dahin war ich ein normaler Förster«, sagt Walter Trefz. »Ich war im Wald und wollte mit den Leuten draußen nicht viel zu tun haben.«

Es gibt im Schwarzwald Menschen, die Trefz nicht mögen. Sie nennen ihn den Wurzelsepp. Die Linken fühlen sich von diesem Mann an Karl Marx erinnert. Sein dichter Vollbart wuchert bis zu den Ohren, über einer kräftigen Stirn wallt lockiges Haar zum Hinterkopf. Dem Gesicht des Försters fehlt allerdings die preußische Strenge. Die Tränensäcke hängen faltig, die Augen blitzen unternehmungslustig.

Walter Trefz hat sein Garagentor mit Rinde verkleidet. Das sei ein altes Verfahren, sagt er, das Holz mit dem Überzug zu schützen, den ihm die Natur gegeben hat. Im Treppenhaus hängt ein ausgestopfter Auerhahn. »Der hat den Skilift nicht vertragen, der ist gegen das Stahlseil gedonnert.«

Der Förster im Ruhestand spricht bedächtig. Wenn ihm etwas nicht gleich einfällt, schimpft er schwäbisch, »heida Stuagert«. Seit einem Arbeitsunfall hat er Probleme mit dem Knie, aber das hat seiner Liebe zum Wald keinen Abbruch getan. Es bedrückte ihn, dass in seinem Revier die Bäume krank wurden. Wie es sich gehört, wandte er sich an die Forstverwaltung. Als er dort keine Hilfe erhielt, erkannte er, dass er die Leute von draußen mobilisieren musste. Ein Aktionskünstler kam aus Hamburg, der wollte eine Klanginstallation in den Wald setzen. Spiel mir das Lied vom Tod, am Katzenkopf. Auf diesem Berg, einem südwestlichen Ausläufer der Hornisgrinde, sahen die Fichten besonders schlimm aus.

»Rolli, so einen Scheiß kannst du nicht machen«, sagte der Förster, »im Wald Strom verbrauchen«. Man einigte sich auf eine Äolsharfe als Mahnmal. Der Wind, der das Schwefeldioxid verfrachtete, sollte selbst das Klagelied singen. Als diese Aktion nicht genehmigt wurde, bereiteten die Aktivisten eine andere vor.

»In meiner Küche sah es aus wie die Sau.« Der Förster und der Künstler mixten künstliches Blut. Sie prüften, ob dieses gefährlich wäre. Ob ein Motorradfahrer wegrutschen würde, wenn es auf die Straße tropfte. Die Mischung aus Mehl und dem Saft von Roten Rüben erwies sich als sicher.

Schwieriger gestaltete sich die Suche nach einem Ross. Trefz fragte einen Pferdehalter, aber der lehnte ab, weil er für die Forstverwaltung Holz aus dem Wald holte und um künftige Aufträge fürchtete. Schließlich fand sich ein mutiger Bauer in Besenfeld, und das Fuhrwerk konnte starten. Der tote König Baum bekam sein letztes Geleit. Aus einem aufgebahrten Stamm tropfte Blut. Es schockierte die Katholiken von Seebach, die gerade aus der Kirche kamen, weiter unten rann es auf den Marktplatz von Achern.

»Jetzt kann ich's ja sagen. Wir haben ein bisschen beschissen.« Der Aktionskünstler, der dem toten Baum in Frack und Zylinder das Geleit gab, marschierte nur in den Ortschaften hinter dem Fuhrwerk her. »Nach dem Ortsschild sprang er in sein Protzauto – genau so eins, wie wir sie hier nicht haben wollen.«

Bei der Forstverwaltung in Karlsruhe schwoll die Personalakte von Walter Trefz auf 1200 Seiten. Das Waldsterben steigerte sich zur deutschen Hysterie. Es wurde zu einer Metapher für das Böse. Alle unsichtbaren Bedrohungen hingen damit zusammen. Ein Professor machte das Atomkraftwerk Würgassen als Ursache der Waldvernichtung aus.

Die SPD stellte klar: »Kfz-Abgase sind die Hauptsünder«.

Die *Grünen* stellten eine kleine Anfrage nach der Wirkung von Richtfunk und Radarwellen auf das Waldsterben.

Die Bundespost brachte eine Briefmarke heraus: »Rettet den Wald«, für 80 Pfennig zeigte ein Zifferblatt fünf vor zwölf.

Plötzlich wurde meine Heimat interessant. Ich studierte damals in einer stolzen Stadt und sollte mich immer ein bisschen schämen für mein Mittelgebirge. Der Schwarzwald hatte die Popkultur nicht erfunden, und als Gelände zur sportlichen Betätigung war er zweite Wahl. Wer als ernsthafter Skifahrer gelten wollte, ging in die *Trois Vallées*, der Feldberg war peinlich. Vom Wandern ganz zu schweigen, die Kniebundhose gehörte zur Uniform des Spießers. Doch über Nacht wurde die Hornisgrinde interessant. Wenn ich sagte, dass ich aus dieser Gegend käme, hatten die Kommilitonen kein überlegenes Lächeln mehr im Gesicht. Ich war jetzt der Mann, der wusste, wie es im Krisengebiet aussieht. Als der Wald bedroht war, wurde er wichtig.

Wir sahen das fahle Pferd, und der darauf ritt, des Name war Tod. Der Schwarzwald wurde zur Projektionsfläche für apokalyptische Szenarien. Deutschland trieb dem Untergang entgegen, aber uns war klar, dass wir auf der Seite der Gerechten standen. Die anderen waren Schuld am sauren Regen: unsere Auto fahrenden Väter, Helmut Kohl, die CDU. Unser Bewusstsein war so stabil, dass sich Joachim von der *Amnesty*-Menschenrechtsgruppe einen gebrauchten Mercedes kaufen konnte. Er klebte »Atomkraft nein danke« ans Heck, erklärte den Strich-Achter zum Kultauto, und wir fuhren gerne mit. Der Motor schluckte Sprit wie ein Panzer, aber die Bahn wäre teurer gewesen.

Es gab Experten, die gegen die Horrorvorstellung der kahlen Wälder argumentierten. Sie saßen in der Abwieglungsfalle. Wer den Wald nicht krank schrieb, wurde als Büttel der CDU denunziert. Wer nicht ins Horn der Apokalyptiker stieß, hatte auch an den Universitäten wenig Rückhalt. Eine Gesellschaft, die so stolz war auf ihre wissenschaftliche Aufgeklärtheit, verließ die rationale Auseinandersetzung. Der Verstand hatte nicht mehr viel zu melden. Es ging um die Seele. Ein Symbol war bedroht: der deutsche Wald.

Der Förster Trefz forderte, die Abgase der Industrieschornsteine zu entschwefeln. Er sprach mit den Betreibern von Kraftwerken. Die hatten damals das Monopol der Energieversorgung, taten aber so, als könnten sie kein Geld für teure Filter ausgeben. Ein Techniker sagte voller Selbstmitleid: »Wenn das Waldgefühl der Deutschen ins Spiel kommt, kämpfen wir auf verlorenem Posten.«

Gegen den sauren Regen wurde gekalkt. In vielen Wäldern war der Boden flächendeckend weiß. Ein Teil der Experten bezeichnete dies als Aktionismus. 1988 forderte das seriöse Wissenschaftsmagazin *Nature*, den Begriff »Waldsterben« nicht mehr zu benutzen. 1993 beschied das Bundesforschungsministerium, das Absterben ganzer Wälder sei nicht mehr zu befürchten. 1998 wählte Deutschland rotgrün. Fünf Jahre später erklärte die grüne Landwirtschaftsministerin Renate Künast das Waldsterben offiziell für beendet.

»Als die Abgase der Kohlekraftwerke entschwefelt wurden, hat der Wald sofort positiv reagiert«, sagt Walter Trefz im Rückblick. Aber die deutsche Debatte über den sauren Regen hat auch etwas anderes gezeigt: Mit Emissionszahlen kommt man dem Wald nicht bei. Die Leute von draußen sehen mehr in ihm als einen Gegenstand wissenschaftlicher Untersuchungen. Diese Landschaft berührt die Seele.

Trefz deutet auf den Auerhahn, der im Treppenhaus hängt. Sein Kopf ist zum Spähen gereckt, er wirkt erstaunt. Dieser stolze Vogel ist das Wappentier der Gegend, aber auch der alte Förster sieht ihn kaum noch. »Das ist ein Kulturflüchter, der sein Verhalten nicht anpassen kann. Wenn der Mensch stört, zieht er sich zurück.« Der dunkle Hahn steht für das Geheimnis des Schwarzwalds. Sein schwarzes Gefieder hat Staub angesetzt.

Mummelsee

Der Abstieg von der Hornisgrinde ist steil. Gut 100 Meter tiefer liegt der Mummelsee. Dieses dunkle Gewässer war einst eine Sensation. Als Johann Jacob Christoffel von Grimmelshausen im 17. Jahrhundert den ersten großen Roman der deutschen Sprache schrieb, schickte er seinen Helden hierher. Der abenteuerliche Simplicissimus wollte nicht glauben, dass es einen See gäbe, der nicht im Tal liegt, sondern »auf einem von den höchsten Bergen«. Erst lachte er über die Geschichten, die ihm von diesem See erzählt wurden:

> Einer sagte, wenn man ungerad, es seien gleich Erbsen, Steinlein oder etwas anderes, in ein Nastüchlein binde und in den Mummelsee hineinhänge, so verändere es sich in gerad.

Der unerschrockene Held glaubte auch nicht, dass ein Stein, der bei blauem Himmel in diesen See geworfen werde, ein

Unwetter mit Regen, Sturm und Hagel auslöse. Nachdenklich wurde er erst, als alte Bauern ihm vom Herzog von Württemberg erzählten, der ein Floß geschickt habe, um die Tiefe des Sees auszuloten. Als das Senkblei noch keinen Grund gefunden,

> hätte das Floß, wider die Natur des Holzes, angefangen zu sinken, also dass die so sich darauf befunden, von ihrem Vornehmen abstehen und sich ans Land salvieren müssen. Noch heutzutag finde man die Stücke des Floßes am Ufer des Sees.

Das wollte Simplicissimus mit eigenen Augen sehen. Sein Pate warnte ihn: Der tiefe Wald sei so unwegsam, dass man zu diesem Gewässer nicht reiten könne. Von dem nutzlosen Hin und Her bekomme er nur müde Füße. Doch diese Hindernisse machten das Abenteuer erst richtig interessant. Schließlich ging der Alte mit.

> Wir verzehrten daselbst, was wir von Speis und Trank mit uns genommen, denn der weite Weg und die Höhe des Bergs, auf welchem der See liegt, hatten uns hungrig gemacht. Nachdem wir uns erquickt, beschauete ich den See, und fand gleich etliche gezimmerte Hölzer darin liegen, die ich für Ruder des württembergischen Floßes hielt; ich nahm oder maß die Länge und Breite des Wassers vermittelst der Geometriae, weil gar beschwerlich war um den See zu gehen und denselben mit Schatten oder Schuhen zu messen.

Simplicissimus notierte die Zahlen auf seinem Schreibtäfelein. Das Unbekannte war jetzt fassbar, also machte er sich kühn an den nächsten Schritt der Entmythologisierung. Obwohl das Wasser »wegen der abscheulichen Tiefe des Sees gleichsam kohlschwarz zu sein scheinet und deswegen so fürchterlich aussiehet, dass man sich auch nur vom Anblick entsetzt«, warf er immer größere Steine hinein. Wolken zogen auf, es donnerte, der Pate warnte. Doch der Held kannte die Schrecken des Dreißigjährigen Krieges, ein Gewitter konnte ihn nicht schrecken:

> »Vater, ich will bleiben und des Ends erwarten und sollte es auch Hellebarden regnen.«
> »Ja«, antwortet' mein Knan (der Pate), »Ihr machts wie alle verwegenen Buben, die sich nichts drum scheren, wenn gleich die ganze Welt unterginge.«

Simplicissimus spähte nach aufsteigenden Blasen. Stattdessen sah er Geister auftauchen. Sie brachten die Steine wieder herauf, die er in den See geworfen hatte. Der König der Wassermännlein warf ihm einen Edelstein zu, und dieser verwandelte Simplicissimus: Plötzlich drohte die Luft, ihn zu ersticken. Er musste in den See, wo er geschmeidig im Wasser atmete. Auf dieser wundersamen Reise in den Abgrund entdeckte Simplicissimus, dass der unergründliche See den Zugang zum Zentrum der Erde bildete. Dort wohnten die Geister, die er mit seinem Vorwitz aufgeschreckt hatte.

So schrieb der barocke Autor Grimmelshausen über den geheimnisvollen Schwarzwald. Im 19. Jahrhundert dichtete Eduard Mörike seine berühmte Ballade über die Geister vom Mummelsee:

> Vom Berge was kommt dort um Mitternacht spät
> Mit Fackeln so prächtig herunter?
> Ob das wohl zum Tanze, zum Feste noch geht?
> Mir klingen die Lieder so munter.
> O nein!
> So sage, was mag es wohl sein?

Das, was du da siehest, ist Totengeleit
Und was du da hörest, sind Klagen
Dem König, dem Zauberer, gilt es zu Leid
Sie bringen ihn wieder getragen.
Oh weh!
So sind es die Geister vom See!

Als ich an diesen moorbraunen See komme, ist aller Zauber dahin. Ich weiß, dass die Gletscher der Eiszeit eine Mulde in den Berg gehobelt haben und sich darin dieser Karsee gebildet hat. Im Reiseführer steht, er sei 17 Meter tief. Aber dieses Wissen ist es nicht, was den Ort entzaubert. Die Schwarzwaldhochstraße führt direkt hier vorbei. Wo Grimmelshausen die Trümmer der württembergischen Weltvermesser entdeckt hat, ist jetzt ein Busparkplatz. Rechts gibt es *Original Black Forest Cuckoo Clocks*, links Vesperbretter, lustige Namen werden ohne Aufpreis eingebrannt: Hasi, Schnuffel, Opa's Diätbrett.

Die steile Karwand schützt vor dem Wind, hier unten ist das Wetter eine Klasse milder als auf dem Gipfel. Das Bild wird dadurch nicht besser. Der Weg um den See ist nicht mehr beschwerlich, eine ältere Schweizerin zieht ihren Dackel hinter sich her. Ein Mann ist in Sandalen unterwegs, zwischen graumelierten Baumwollsocken und einer kurzen Hose sonnt er seine Krampfadern. Ich hätte nicht gedacht, dass ich einmal den Vorzeigereisenden von *GeoSaison* herbeiwünschte. Doch am Mummelsee ist es so weit. Hier möge er bitte stilbildend wirken. Was trage ich in der Freizeit? Die Liste der größten Outdoor-Sünden.

Das Restaurant am Ufer brummt. Wem die große Speisekarte zu klein gedruckt ist, der kann sich an der Rezeption eine Lesebrille leihen, Ausgabe je nach Verfügbarkeit. Vom Nebentisch kommt das elende Honoratiorenschwäbisch, das die Stuttgarter auf der Suche nach feiner Lebensart im 19. Jahrhundert entwickelt haben. Mit seinen Verniedlichungen verhunzt es den Schwarzwald: »Willsch no a Eisle?«

Hinter dem Hotel führt eine Straße zur Karwand. Die Schranke hebt sich wie von Geisterhand bewegt. Der Linienbus fährt zum Gipfel der Hornisgrinde.

Gründlicher kann man einen Ort nicht entzaubern. Der Mummelsee ist das Gegenteil von Bhutan. Dort war's schön, aber ich reiste in Gesellschaft von Doktor Friedbert. Das war ein pensionierter Hausarzt aus Bremen, der auch im Ruhestand die Souveränität seines Standes ausstrahlte. Sein Selbstbewusstsein war seit den Tagen an der medizinischen Fakultät gut genährt, sein Wohlstand hatte unter den Gesundheitsreformen nicht gelitten. Jedes Jahr gönnte er sich zwei Fernreisen. In Bhutan führte er seinen privaten Kreuzzug, aber in die andere Richtung. In jedem Tempel, den wir besichtigten, predigte er die Überlegenheit des Buddhismus. Am dritten Tag ging Doktor Friedbert dem ganzen Bus auf die Nerven.

An einem Bergsee am Fuß des Himalaja wollte unser Reiseführer einen Stein aufs Wasser titschen. Erschrocken wehrten die Einheimischen. In diesem Wasser wohnten göttliche Wesen, wer sie störe, beschwöre Unheil herauf. Da pries Doktor Friedbert lächelnd die spirituelle Weisheit des Ostens. Ich hielt dagegen, der westliche Weg der Aufklärung habe den Menschen Freiheit gebracht. Es sei doch ein Fortschritt, dass wir ohne Angst vor bösen Geistern die Welt erkunden können.

Du kannst dir vorstellen, wie unerquicklich die Diskussion mit dem Bodhisattva aus Bremen verlief. Aber am Mummelsee war ich kurz versucht, dem Teilzeitmythologen Recht zu geben.

Ja, da stimme ich dir zu: Ohne Ausweichmanöver ist das Leben kaum auszuhalten. Deshalb wandere ich ja durch den Schwarzwald, um Abstand zu gewinnen. Und wenn ich am Bergsee den Feinstaub des Gewöhnlichen in die Lunge bekomme, wird's bitter. Aber dieses Kokettieren mit der Spiritualität des Ostens kann's doch nicht sein. Dieser Weg ist zu bequem: Mit dem Airbus ins Land der Donnerdrachen fliegen und am Bergsee vom Buddhismus schwärmen. Aber elegant übersehen, warum dieser unberührt ist: Weil die dortige Religion ihre Anhänger mit Furcht und Schrecken im Zaum hält.

Es muss einen anderen Weg geben, den Zauber eines Gletschersees zu retten.

Ruhestein

Kurz hinter der Darmstädter Hütte kommt Kanada. Jetzt muss ich den Kopf nicht mehr drehen, um keine Schornsteine zu sehen. Überall ist Wald. Es gibt kein Haus, keine Straße und keine Überlandleitung. Doch dieses Bild ist weit weg von einem süßlichen Idyll. Silbergraue Gerippe ragen aus der Flanke über dem Wildsee, der so unberührt zwischen dichten Bäumen liegt, wie sein Name nur hoffen lässt.

Schon 1908 hat ein Professor aus Tübingen davon geträumt, die Entwicklung aufzuhalten. »Im entlegensten Schwarzwald, nahe der Landesgrenze«, schrieb der Forstwissenschaftler Christof Wagner, sollte die Natur sich selbst überlassen werden. »Diesen Wald vor jedem menschlichen Eingriff zu sichern …, ist mein Wunsch.« Der König von Württemberg kam diesem nach, 1911 erklärte er das Gebiet um den Wildsee zum Bannwald. Seither hält sich der Mensch aus diesem Urwald heraus. Er fällt keine Bäume, nicht einmal die kranken. Totes Holz steht so lange, bis ein Sturm es umwirft.

Diese raue Landschaft ist kein Forst. Hier wächst richtiger Wald. Mitten drin steht die Großvatertanne. Vor 300 Jahren ist sie schräg aus dem Hang gewachsen. Es brauchte viele Jahre, bis der Stamm sich in die Senkrechte bog. Der alte Baum trägt grobe Rinde. Sie ist grau und hat grüne Flechten angesetzt.

Der Schwarzwald bietet Spielräume für Leidenschaften aller Art. Manchmal stoßen hier Gegensätze hart aufeinander. Nur ein Skilift trennt den Urwald von der Straße am Ruhestein. Sie war der Schauplatz einer Attraktion, die Naturfreunden als Frevel erscheint. Am 21. Juli 1946 fand hier das erste deutsche Autorennen nach dem Krieg statt. Die Städte lagen noch in Trümmern, das Essen war knapp und Benzin kaum zu bekommen, aber mehr als 100 Teilnehmer traten zum Bergrennen auf den Ruhestein an. Sie fuhren Motorräder von DKW und Horex, sie kamen mit Autos, die den Krieg überstanden hatten: Bugatti, Maserati, BMW.

Die Rennstrecke war acht Kilometer lang, 30 000 Zuschauer standen am Straßenrand. Der Rundfunk übertrug, das *Schwäbische Tagblatt* schrieb:

> Noch nie haben sich hier in so reichem Maße Benzingeruch und Schwarzwaldhöhenluft vermengt und die klösterliche Stille erlebte kaum einmal stundenlanges Motorengeknatter.

Auf den Schwarzweißfotos sieht man Rennfahrer, die aufs Ganze gingen. Der Beifahrer eines Gespanns lehnte sich so weit aus dem Seitenwagen, bis sein Körper waagerecht in der Luft hing, zwischen seinen Kopf und die Straße hätte kein Stein mehr gepasst. Manche unterschätzten den Schwarzwald. Schon beim Training am Samstag gab es zwei Stürze, die tödlich endeten. Am Sonntag starb der dritte Rennfahrer. Er verlor die Kontrolle über sein Motorrad, schleuderte über die Böschung und prallte gegen einen Baum. Am Ruhestein fand kein zweites Rennen statt.

Das große Kurhaus am Ziel ist mittlerweile abgerissen. In den Siebzigerjahren wollte die *Neue Heimat* ein Sporthotel an die Skipiste bauen. Jetzt gähnt hier ein Parkplatz. Neben der großen Kreuzung steht noch die Villa des Hoteliers Fritz Klumpp. Das Haus strahlt Würde aus. Es gab im Schwarzwald anscheinend eine Zeit, in der man Luxus zu bauen verstand, der nicht peinlich wirkt.

In der Villa ist das Naturschutzzentrum untergebracht. Der Geschäftsführer erzählt von dem Wildniscamp, das er Schulklassen anbietet. Schlafen unter freiem Himmel, tief im Wald, neben Wasserstelle und Lagerfeuer.

Dieses Angebot werde gut angenommen, sagt Wolfgang Schlund. »Das Bedürfnis steigt, die Wildnis vor der Haustür zu erleben.« Er zeigt den Schülern, wo die Fledermäuse ihre Höhlen haben. Aus Umfragen weiß er, was die Gäste im Schwarzwald suchen: Wildnis, aber behütet. Das Naturcamp nimmt diesen widersprüchlichen Wunsch ernst. Gegen schlechtes Wetter gibt es einen Unterstand.

Schliffkopf

Ich weiß, du schwärmst vom üppigen Südschwarzwald. Aber die Schönheit der offenen Landschaft auf dem Schliffkopf musst du erleben. Erst dann weißt du, was den Zauber dieses Gebirges ausmacht. Der Bergrücken ist hier behaglich breit. Nach Westen fällt er schroff ab, unten sehe ich Wiesentäler.

Mal liegt mir ein Dorf zu Füßen, mal kauert ein einsamer Hof am Hang. Schwarze Wälder bilden ein Mosaik mit hellen Lichtungen und roten Dächern. Die Welt scheint geordnet.

Dort unten liegt Grimmelshausenland. Der *Simplicissimus* zeigt, wie gut sein Autor die Täler am westlichen Rand des Schwarzwalds kannte. Mitten im großen Schlachten erlebte er hier eine heile Welt.

> Ich konnte mir gar nicht vorstellen, dass eine Armee in diesem Land etwas zu schaffen haben könnte oder warum sie es hätte verwüsten wollen. Alle Bauernhöfe waren wie zu Friedenszeiten gut in Schuss, und alle Ställe standen voller Vieh, während man in den Dörfern der Rheinebene weder Hund noch Katze traf.

Hierher zog sich Simplicissimus mit einem verwundeten Kameraden zurück. Seinem Herzbruder waren in einem Gefecht die Hoden weggeschossen worden, der berühmte Sauerbrunnen in Griesbach schien der rechte Ort, diese Wunde zu heilen. Herzbruder starb, Simplicissimus ließ es sich im Renchtal trotzdem gut gehen. Lange bevor die Kur in Mode kam, als noch kein Russe Baden-Baden kannte, fuhr der Adel schon zur fröhlichen Auszeit nach Griesbach. Simplicissimus verlor die Lust am Krieg. Er merkte, »dass der ärmste Bauer in dieser Gegend besser dran war als ein Oberst in der Armee«.

Nach dem westfälischen Frieden ließ sich Grimmelshausen im Renchtal nieder. Er heiratete, betrieb die Gastwirtschaft *Silberner Stern*, 1667 wurde er Schultheiß von Renchen. Dieser Ort liegt dort, wo die Rench aus dem Schwarzwald in die Rheinebene fließt. Das Kirchenbuch von Renchen verzeichnete seinen Tod am 17. August 1676: »Es verstarb im Herrn der ehrbare Johannes Christopherus von Grimmelshausen, ein Mann von großem Geist und hoher Bildung, Schultheiß dieses Ortes, und obgleich er wegen der Kriegswirren Militärdienst leistete und seine Kinder in alle Richtungen verstreut waren, kamen aus diesem Anlass doch alle hier zusammen.«

Die deutschen Kriege entwickelten sich mit den technischen Möglichkeiten. Ein Badener und ein Schwabe erfanden das Auto, das Militär griff begeistert zu. Chemiker lieferten Giftgas, die Industrie befeuerte die Materialschlacht um Verdun. Im Ersten Weltkrieg träumte Deutschland von der Herrschaft über Europa. Auch der Reichstagsabgeordnete Matthias Erzberger glaubte anfangs an den Sieg. Im November 1918 musste er als Staatssekretär den Waffenstillstand mit Frankreich unterzeichnen.

Der Hass schwelte im Frieden weiter. Als Reichsminister der Weimarer Republik forderte Erzberger die Erfüllung des Versailler Vertrags. Es gab keine Alternative zu diesem Verhalten, denn Deutschland hatte den Krieg verloren. Doch das Militär schob die Schmach der Niederlage diesem Zivilisten in die Schuhe und schwadronierte vom Dolchstoß. 1920 überlebte Erzberger ein Attentat in Berlin. Er ahnte, dass er die Zielscheibe der Rechten bleiben würde. Seiner Tochter Maria vertraute er an: »Die Kugel, die mich treffen soll, ist schon gegossen.«

Im Sommer 1921 fuhr Matthias Erzberger zur Erholung nach Bad Griesbach. Heinrich Tillessen und Heinrich Schulz, zwei Mitglieder des Germanenordens, verfolgten den Politiker ins Kurbad. Im Schwarzwald lauerten die beiden ehemaligen Offiziere dem unbewaffneten Zivilisten bei einem Spaziergang auf und feuerten sechs Kugeln auf ihn ab. Erzberger stürzte eine Böschung hinunter und blieb schwer verletzt liegen. Die Attentäter töteten ihn aus nächster Nähe mit zwei Kugeln in den Kopf.

Deutschland ging gnädig mit den Mördern um. Sie bekamen ihre Strafe gleich mehrfach erlassen. 1933 amnestierten die Nationalsozialisten die beiden. 1946 begnadigte die Bundesrepublik Tillessen zum zweiten Mal, Schulz wurde 1952 vorzeitig aus dem Zuchthaus entlassen.

Zum 90. Todestag Erzbergers forderten namhafte Demokraten, in Berlin eine Straße nach ihm zu benennen. Die Hauptstadt weigerte sich beharrlich, die Ausreden der zuständigen Ämter überboten sich in ihrer Schäbigkeit.

Der Schwarzwald spiegelt die deutschen Widersprüche. In diesem Gebirge liegen Schönheit und Schande dicht beieinander. Unten, in einer Kurve der Bundesstraße bei Griesbach, erinnert ein verwitterter Stein an Matthias Erzberger. Oben auf dem Schliffkopf bin ich in einem unschuldigen Zauber unterwegs. Der Hauptkamm wirkt so friedlich, als ob es nichts Böses in der Welt gäbe. Die Grinden sind von Bergheide bedeckt, im schrägen Licht bilden die Gräser einen rotbraunen Flaum. Rasenbinsen wachsen als dichte Kissen, Wollgras weht sacht im Wind. Die Feuchtheide gleicht einem Meer mit kabbeliger Dünung. Buschige Kiefern ragen wie Inseln aus einer flachen Bucht.

Im Süden werden die Wellen größer. Unzählige Gipfel wogen vor dem Horizont. Die vordersten sind schwarzgrün, in der Mitte kommt Blau in das Seestück, die hintersten Kämme lösen sich auf in durchsichtige Silhouetten. Ich schwimme in einem küstenlosen Ozean.

Ich hab dir ja erzählt von dem deprimierenden Gefühl, als ich in der Schweiz auf dem Pilatus stand. Der Blick nach Norden ließ keinen Zweifel zu: Hier waren die Alpen zu

Ende, dort unten lag die Zivilisation, der Abstieg in den Alltag war unvermeidlich. Der Schliffkopf ist das Gegenteil. Ich gehe durch eine schöne Illusion der Unendlichkeit. Der Wald scheint so groß, dass ich nie von ihm Abschied nehmen muss.

Ich weiß, mit Novalis darf ich dir nicht kommen. Seinen *Heinrich von Ofterdingen* fand ich auch klebrig. Der Jüngling fühlt zu sehr der Sehnsucht süßen Schmerz. Voller Poesie schreitet er in die falsche Richtung, verklärt das Mittelalter und schwelgt in Ritterträumen. Dieser Ausweg hat mich nicht verzaubert. Aber die Idee, dass irgendwo die blaue Blume blüht, will ich nicht aufgeben.

Zwischen Heidelbeersträuchern weiden Hinterwälder Rinder. Die Grinden auf dem Schliffkopf sind im Zusammenspiel von Natur und Kultur entstanden. Als im Mittelalter die Täler zu eng wurden, rodeten Bauern die Hochflächen und trieben ihr Vieh hinauf. Ab dem 19. Jahrhundert hielt man die Kühe im Stall, aber auf der Bergweide wurden Rasenbinse und Pfeifengras noch immer gemäht. Erst als man ihr Heu nicht mehr brauchte, weil die Bauern und das Vieh weniger wurden, gerieten die Grinden in Gefahr. Ab der Mitte des 20. Jahrhunderts drohte die Bergheide zu verwalden. Erst seit 1997 weiden wieder Hinterwälder auf der Hochfläche. Die alte Rinderrasse soll diese Landschaft bewahren.

Das Licht malt schräge Streifen. Die Sonne wärmt behaglich. Eine Legföhre deutet an, dass die Verhältnisse hier oben nicht immer so harmonisch sind. Der Baum hat sich geschmeidig angepasst. Auf Hüfthöhe biegt sich der Stamm in die Waagerechte, dem krummen Wuchs können weder Sturm noch Schnee etwas anhaben. Ein Junge spielt auf der Latschenkiefer. Er sitzt wie auf einem Sattel. Sein Oberkörper schmiegt sich windschlüpfrig an den Stamm, seine Hände fassen die Zweige wie einen Lenker. Hingebungsvoll macht er die Geräusche eines Motorrads nach.

Lotharpfad

Am zweiten Weihnachtsfeiertag des Jahres 1999 nahm ein Orkan Anlauf über der Biskaya. Quer durch Frankreich schlug *Lothar* eine Schneise der Verwüstung. Dann traf er mit voller Wucht auf den Schwarzwald. Auf dem Feldberg zerstörte eine Bö das Windmessgerät, als letzten Wert hatte es 212 Stundenkilometer aufgezeichnet. Lothar knickte Fichten wie Streichhölzer und rasierte Berge kahl. Die Orgie der entfesselten Naturgewalt dauerte eine halbe Stunde. In dieser Zeit warf der Sturm so viele Bäume um, wie im ganzen Schwarzwald normalerweise in zehn Jahren gefällt werden.

Der Orkan vereinte Hoteliers und Waldbauern in Zukunftsangst. Er stürzte Menschen in die Depression, ein Forstamtsleiter nahm sich das Leben.

Auf dem Schliffkopf hat man seither nicht aufgeräumt. Auf einer zehn Hektar großen Fläche blieb die Natur sich selbst überlassen. Damit der Mensch sich ein Bild machen kann, legten die Naturschützer gemeinsam mit der Forstverwaltung einen Weg an. Sie gaben diesem eine Bezeichnung, die so sperrig ist wie ein umgestürzter Baum: *Sturmwurf-Erlebnispfad.* Das Volk machte daraus den Lotharpfad.

Ein hölzerner Steg führt über einen Baumstamm. Ein grob gezimmertes Geländer gibt Halt. Die Fichte liegt so, wie der Orkan sie geworfen hat. Die Wurzeln sind bizarr verwittert und bilden ein graues Geflecht, das senkrecht in die Luft ragt. Im zweiten Stock schwebt ein roter Stein am Himmel, so groß wie der Kopf eines Zyklopen. Einst haben sich die Wurzeln am Waldboden um ihn geschlungen. Sie halten ihn immer noch.

Der Lotharpfad ist ein Ort der Versuchung. Ich muss standhaft sein, um nicht in mystische Beschreibungen zu rutschen. Werden und Vergehen, die Todeslyrik lockt. Das geworfene Holz liegt kreuz und quer und grau, dazwischen wuchert frisches Grün. Aus zerbröselnden Stämmen sprießen Fichtenkeimlinge, Heidelbeeren wachsen wie gedüngt.

Ein *Ranger* des Naturschutzzentrums führt eine Schulklasse. Er spricht so streng, als sei er der Priester, der das Heilige vor dem Profanen schützt. Das Ökosystem Wald ist vielen Bedrohungen ausgesetzt, die Schüler lassen die Predigt brav wie Ministranten über sich ergehen. Wer zuhört, lernt einiges über das Brutsystem des Borkenkäfers. Das Männchen bohrt Gänge in die Rinde und lockt die Weibchen zur Eiablage in die Rammelkammer. Bei diesem Wort fangen zwei Jungs an zu kichern, Hochwürden *Ranger* straft mit einem vorwurfsvollen Blick.

Die Schneisen, die der Orkan geschlagen hat, wurden zu einer Chance für den Schwarzwald. Jenseits des Lotharpfads wurde wieder aufgeforstet. Dabei korrigierte man die Folgen des Kahlschlags aus dem 18. Jahrhundert. Man pflanzte jetzt keine Fichten mehr in Monokultur, sondern legte wieder Mischwald an.

Auch ich profitiere von *Lothar*. Der Sturm hat unverhoffte Ausblicke freigelegt. Der junge Wald ist noch nicht zur vollen Höhe gewachsen, der Blick geht weit nach Westen. Die Breschen tun dem dunklen Gebirge gut.

Zuflucht

Am Rossberg überquert der Westweg eine schmale Straße. Rechts fällt sie im Wald steil in die Tiefe. Ein Rennradfahrer keucht hohlwangig über die Kante. Die schwarzen Riemen seines Helms haben weiße Ränder vom Schweiß, auf seinem Trikot steht www.quaeldich.de. Aus dem Wiegetritt lässt er sich in den Sattel plumpsen und schaut auf die Uhr. Dann reckt er den rechten Arm in die Höhe, ballt die Faust und ruft über die leere Straße: »Yes!«

Hinter ihm liegen acht Kilometer Aufstieg mit Steigungen bis zu 18 Prozent. *Quaeldich.de* ist eine Gruppe von Rad-Amateuren, die es für das Höchste halten, bergauf zu fahren. Sie haben ein Pässelexikon ins Internet gestellt, darin wird die Oppenauer Steige mit fünf Härtepunkten bewertet. Das ist die Bestnote, der legendäre Gotthard schafft auf der Härteskala nur drei Punkte.

Ich würde gern mit dem Quäldich-Mann tauschen. Er bekommt meine Stiefel, ich setze mich auf sein Rad und fahre die Steige hinunter. Wenn ich nicht aus den Kurven fliege, bin ich in einer Dreiviertelstunde in Durbach. Am Fuß der Weinberge könnte ich mich in die Besenwirtschaft setzen. Der Schwarzwald würde mir den Rücken freihalten von Wind und allen Widrigkeiten, es wäre warm, das Laub leuchtete bunt, und mit offenem Blick über das Rheintal würde ich mir den Klingelberger Riesling schmecken lassen.

Die Oppenauer Steige ist ein alter Pass. Er gehörte zum Fernhandelsweg von Strassburg nach Ulm. Der Ort, an dem der Aufstieg die Hochfläche des Schwarzwalds erreicht, heißt Zuflucht. 1806 baute man hier eine Schutzhütte. 1847 rettete der Hüttenwirt vier Händlern das Leben, die sich im Schneesturm verirrt hatten.

Von Frankreich aus gesehen ist der Schwarzwald ein gewaltiges Hindernis. Aber den deutschen Feldherrn war dieser Wall nicht hoch genug. Sie gaben erst Ruhe, als sie noch ein Steinchen auf die Mauer gesetzt hatten. An der Zuflucht ließ der württembergische Major Jakob Rösch 1794 eine Schanze in den Wald bauen. Bei einem Angriff auf die Landesgrenze sollten 2 000 Mann und ein Dutzend Geschütze den Schwarzwald sichern.

Die Röschenschanze liegt neben einem kleinen Skilift. Der Erdwall ragt gut drei Meter in die Höhe, im Graben steht Moorwasser. Die Stellung hat einen sternförmigen Grundriss, im Durchmesser ist sie annähernd 100 Meter groß. Die Überreste lassen ahnen, wie viel Schweiß es gekostet hat, diese Befestigung von Hand aufzuwerfen. Der Aufwand war freilich vergeblich, Napoleon nahm die Schanze mühelos ein. Seither wächst Heidekraut über diese Illusion der Sicherheit. Im Innern des Schanzensterns hat sich ein Aumoor gebildet, Libellen schwirren über ein Monument der Sinnlosigkeit.

Solche Befestigungen begleiten den Westweg. Südlich des Kinzigtals wurde im 17. Jahrhundert eine ganze Linie von Wehranlagen errichtet. Aber weder die Prechtaler Schanze noch die am Büchereck sollten je einen militärischen Nutzen haben. Es kamen keine Franzosen auf die Passhöhen des Schwarzwalds, um sich hier oben Gefechte mit den Truppen des Türkenlouis zu liefern.

Dieses Gebirge hatte mehr Glück als sein geographischer Zwilling. Die Vogesen wurden zum blutigen Schlachtfeld, allein am Hartmannsweilerkopf starben im Ersten Weltkrieg 30 000 Soldaten. Grabkreuze und Schützengräben haben diese

Berge bleibend gezeichnet. Der Schwarzwald kam glimpflich davon. Rechts des Rheins stehen nur die Schanzen als Mahnmale wider den Aktionismus.

Brombeersträucher geben ironische Kommentare. Major Rösch hätte die Bauern besser ihre Felder bewirtschaften und abends ihren Most trinken lassen, als sie zum Frondienst an Wall und Graben zu zwingen.

Jedes Jahrhundert hat seine eigene Methode, Lebenszeit zu vergeuden. Unsere heißt *Meeting*.

Tannenberg

Der Schwarzwald ist eine diskrete Landschaft. Auch der Wanderer weiß nie, was hinter der nächsten Kurve kommt, und was sich alles im Dickicht verbirgt.

Gleich nach der Zuflucht stoße ich auf einen entschlossenen Zug. Knapp 100 Mann, begleitet von ein paar Frauen und Kindern. Der Führer trägt eine khakifarbene Weste, auf dem Rücken steht www.westwalltag.de. Er ordnet die Truppe und gibt militärische Anweisungen, um die befahrene Schwarzwaldhochstraße zu überqueren: »Stopp – weiter – Stopp – selbstständig bis zu den Birken.«

Die Teilnehmer des Westwalltags suchen die Überreste der Siegfriedlinie. Diese Verteidigungsanlage sollte die Westgrenze von Hitlers Reich sichern, vom Niederrhein bis zur Schweiz. Hinter der Hauptkampflinie führte die *Luftverteidigungszone West* durch den Schwarzwald. Zur LVZ-West gehörte ein FHQ, ein Führerhauptquartier. Es hieß Tannenberg und lag östlich der Zuflucht.

Dorthin marschiert die Truppe durch das Unterholz. Dürre

Äste knacken, der Führer nimmt seine kleine Tochter huckepack.

»Aber nicht ›Hüja-Pferdchen‹ machen«, mahnt der Vater. Sobald Lilli in ihrer lila Jacke auf seiner Schulter sitzt, sagt sie: »Hüja, Pferdchen!«

Dem Führer ist das peinlich, denn die besten seiner Männer sind ernsthaft gerüstet. Sie tragen Stahlkappenschuhe und Gamaschen. Tarnhose und Trinkrucksack zeugen von Entschlossenheit, für bessere Bilder schleppt einer ein Stativ durchs Moor.

Der Führer ist klein von Statur und heißt Friedrich Wein. Im zivilen Leben ist er Architekt. »Irgendwann habe ich mich von den Ritterburgen wegbewegt«, sagt er, »so bin ich zum Beton gekommen.« Über den Westwall hat er mehrere Bücher geschrieben. Er zeigt auf ein Fichtendickicht rechts vorn und sagt: »Dort liegt ein Bunker mit starker Erdverteidigungskomponente.« Wo ich lediglich eine Kuppe im Hochmoor sehe, weiß er eine Stellung vom Typ B2, »leider übererdet«.

Auf dem alten Batterieweg steht der Matsch knöcheltief. Schilder an den Bäumen zeigen an, dass hier im Winter eine Loipe für Langläufer gespurt wird. Noch ein gespreizter Schritt über einen Graben, dann stehen die Bunkerkundler vor dem Führerhauptquartier. Zwischen Fichten ragt geborstener Beton aus dem Boden. Der Führer erteilt seinem Verleger das Wort.

»Leider haben wir keine Bilder. Das Teehaus ist der einzige Lichtblick, das ist oft fotografiert worden«, sagt Arno Fröba. Er hält einen Ordner in die Höhe. Die Schwarzweißfotos sind durch Klarsichtfolie geschützt und zeigen einen gut gelaunten Diktator, der vor einem Blockhaus eine Abordnung vom *Bund Deutscher Mädel* empfängt. »Neben dem Teehaus haben wir eine hufeisenförmige Mauer gefunden, die gibt uns

Rätsel auf. Die Platten sind kunstvoll verlegt – war diese Nische für einen Liegestuhl?«

Unausgesprochen steht die Möglichkeit im Raum: Hat ER etwa hier geruht?

Arno Fröba stochert seit 2002 in den Trümmern des Führerhauptquartiers. Der Ingenieur im Ruhestand betreibt einen Kleinverlag, dort erscheint zum Beispiel der Atlas der Panzer-Einbauteile in deutschen Bunkern, zweisprachige Ausgabe, deutsch-polnisch. Fröba weist wehrkundliche Experten auf Unstimmigkeiten in ihren Veröffentlichungen hin und korrespondiert mit den Nachfahren von Hitlers Fotografen. Einer lebt in Berlin. »Eigentlich ein netter Kerl, aber der will Kohle sehen für die Bilder.«

Der Verleger findet auch den Westweg interessant.

»Kommen Sie am Günterfelsen vorbei?«

»Ja, wieso?«

»Dort gab es ein Denkmal für Albert Leo Schlageter. Und Schönau, liegt das auch auf Ihrer Route?«

Mein Weg führt nicht nach Schönau. Dort wurde der Freikorpskämpfer geboren, den die Nationalsozialisten zum Märtyrer stilisierten. Wenn ich irgendwohin pilgern würde, dann Richtung Griesbach, zum Gedenkstein für Matthias Erzberger.

Im Oktober 1939 begannen die Arbeiten für das Führerhauptquartier Tannenberg. Als Standort hatten die Strategen ausgerechnet ein Hochmoor gewählt. »Der Führerbunker war fürchterlich nass, es gab Mücken, das hat Hitler gar nicht gefallen«, erklärt Fröba.

Die *Organisation Todt* verbaute 2 340 Kubikmeter Beton. Im Sommer 1940 kam der »Führer« auf den Tannenberg. Frankreich war besiegt, er hätte auch in einem Höhenhotel mit Aussicht absteigen können. In seinem Hauptquartier mit doppelter Sicherheitszone empfing er Göbbels und den italienischen Botschafter, am 2. Juli legte ihm der Chef des Wehrmachtführungsstabs Pläne für eine Invasion in England vor. Nach einer Woche reiste Hitler wieder ab.

Die leeren Bunker wurden in Bereitschaft gehalten. Im Winter mussten Ostarbeiter die Zufahrtsstraße freischaufeln. Auf dem Tannenberg lag der Schnee mehr als zwei Meter hoch. Die Arbeit war umsonst, Hitler kam nicht mehr in den Schwarzwald. Als im Frühjahr 1945 die Alliierten im Anmarsch waren, sprengten deutsche Pioniere den Tannenberg. Zivilisten kamen mit Hammer und Meisel, um die Ruinen auszuweiden. In Obertal soll es heute noch Häuser geben, in denen die Bäder mit Hitlers Kacheln gefliest sind.

Meterdicker Beton ist geborsten. Wo kein Moos gewachsen ist, trägt er noch schwarze Farbe. Reste von Holzdübeln ragen aus einer schrägen Bunkerwand. Ein Mann speichert die Koordinaten des Führerhauptquartiers in seinem GPS. Ein Junge hüpft auf dem Maschendraht, der die dunklen Spalten sichert, und ruft ausgelassen: »Cool – das federt wie ein Trampolin!«

Einer mit Schnauzbart fragt: »War das hier, wo wir vor fünf Jahren Reste von weißblauen Kacheln gefunden haben?«

»Die waren weiß«, sagt Fröba.

Nach dem Krieg tat die württembergische Forstverwaltung, was sie konnte, um die Geschichte verschwinden zu lassen, und pflanzte schnell wachsende Fichten. Sie ragen 25 Meter über den Tannenberg. Als sie noch fünf Meter niedriger waren, hat ein ehemaliger Feldgeologe in den Heimatblättern des *Schwarzwälder Boten* vom Pfusch im Führerbunker berichtet. War es Sabotage? Oder hatte die *Organisation Todt* ausgerechnet im Allerheiligsten geschlampt? Aus Hitlers persönlichem Waschbecken lief das Wasser nicht ab. Panisch rief ein Oberbaurat nach dem Geologen und einem Klempner. SS-Männer sicherten den Bunker, nach einer längeren Prozedur in der Meldestube bekamen sie den Schein mit der Betretungserlaubnis. Erst gossen sie ein Ätzmittel in das Abflussrohr – ohne Erfolg. Am Abend schraubte Hitler eigenhändig den Siphon ab und stellte einen Eimer unter sein Waschbecken. Am nächsten Tag nahm der Klempner Salzsäure. Die SS trieb zur Eile, um sechs käme der Führer zurück. Mit Hammer und Meisel legte der Handwerker schließlich das Rohr frei – es war voll mit Beton.

So erlebten die beiden Männer Hitler hautnah. Als die Fichten auf dem Tannenberg 20 Meter hoch gewachsen waren, spottete der Feldgeologe a.D. in den Heimatblättern über die Hygiene des Diktators. Er hatte einen goldenen Rasierapparat erwartet. Aber auf dem Waschbecken lag eine Zahnbürste, die kaum noch Borsten hatte.

Kniebis

Der romantische Dichter Karl August Varnhagen von Ense bekam im Sommer 1816 einen Posten als Diplomat. Der preußische Kanzler Hardenberg schickte ihn als Gesandten an den badischen Hof nach Karlsruhe. Aber Varnhagen stürzte sich nicht gleich in die Arbeit, er nahm sich erst Zeit für das Vergnügen. In seiner Schrift über die *Denkwürdigkeiten des eigenen Lebens* hielt er fest:

> Eine Folge schönster Sommertage wurde zu einer Lustreise in den Schwarzwald verwendet, welche zum schönsten gehört, was ich erlebt habe.

Man darf sich das nicht als Fußmarsch vorstellen. In Baden-Baden brach eine Expedition auf. Sie dauerte zehn Tage und war mit allem Komfort gepolstert:

> Reitende Boten wurden überall vorausgeschickt, unser Kommen anzumelden, diesen folgten zu Wagen diejenigen Bequemlichkeiten und Vorräte, die man nicht hoffen konnte vorzufinden, und darauf traten wir selber die Wanderung an, ein Zug vieler Wagen und Pferde, und mit der nur nötigsten Dienerschaft über dreißig Personen. Einige reisten zu Pferde, wir andern fuhren in offenen Wagen.

Der Aufwand lohnte. Varnhagen fühlte sich vom »Hauch des Wohlseins und Glückes« umweht. Er empfand die Reise in den Schwarzwald

> wie herausgeschnitten und rein gesondert aus dem gewöhnlichen Leben, entledigt aller Bedingnisse, Rücksichten und Umstände, die uns den Atem erschweren, solch eine lachende Insel begegnet uns im wüsten Meere zu selten, um nicht wenigstens mit allen Kräften der Erinnerung auf ihr zu verweilen!

Varnhagen schwärmte nicht nur von Wasserfällen und dem Tanz mit schönen Schwarzwälderinnen. Das Gebirge hinter Baden-Baden überhöhte das Lebensgefühl seiner Zeit. Diese erklärte den Wald zur deutschen Urlandschaft.

Der französische Staatsphilosoph Montesquieu hatte im 18. Jahrhundert geschrieben, in den Wäldern Germaniens sei die Freiheit zu Hause. Am 12. September 1772 gründeten deutsche Dichter den Göttinger Hainbund. Sie taten das bei Vollmond unter Eichen, diese Bäume waren ihnen heilig. Der Wald stand für das Echte, im Gegensatz zum bloß Äußerlichen der Zivilisation.

In den Befreiungskriegen wurde der Wald vollends zum Nationalsymbol. Die Eiche wurde deutsch, dieser Baum verkörperte den Widerstand gegen Napoleon und die Künstlichkeiten der Französlinge. Friedrich Ludwig Jahn, der sogenannte Turnvater, forderte, an der Grenze zu Frankreich einen undurchdringlichen Wald zu pflanzen. 1813 gaben die Brüder Grimm eine literarische Zeitschrift heraus, die sie *Altdeutsche Wälder* nannten.

Der Kulturhistoriker Wilhelm Heinrich Riehl schrieb eine *Nationalgeschichte des deutschen Volkes*. Darin erklärte er den Park und das gerodete Feld zu den charakteristischen Landschaften der Engländer und Franzosen. Die Wildnis des Waldes bildete das deutsche Gegenstück: »Das deutsche Volk bedarf des Waldes, wie der Mensch des Weines bedarf.« Unter Bäumen finde er den Freiraum, den die Zivilisation immer mehr einengte. Auch ein gesetzter Mann, schrieb Riehl, könne im Wald »noch laufen, springen, klettern nach Herzenslust, ohne daß ihn die altkluge Tante Decenz für einen Narren hält«.

Karl August Varnhagen von Ense unternahm seinen Ausflug nach Triberg und Bad Rippoldsau zur richtigen Zeit. Der Wald war schon eine Seelenlandschaft, aber noch keine nationalistische Ideologie. Der Schwarzwald war schon so gut erschlossen, dass er sich für eine Lustreise eignete. Aber er war auch noch so wild, dass er den Reiz des Gefährlichen bot:

> Beim Übergang über den Kniebis wurden wir ernstlich gewarnt, es könnten Räuber uns anfallen, denen unsere zahlreiche, aber waffenlose Gesellschaft wenig Widerstand zu leisten fähig sei.

Das waren keine Schauermärchen. Kriege und soziale Katastrophen trieben Entwurzelte in den Schwarzwald, Räuberbanden hatten Zulauf. Der Romantiker Varnhagen von Ense, der drei Jahre später wegen »demokratischer Neigungen« bei den preußischen Herren in Ungnade fallen sollte, sorgte vor:

> Um der Damen willen wurde daher eine bewaffnete Begleitung angeordnet, der Rittmeister von Philippsborn nahm einige Jägerburschen unter seinen Befehl und bildete unsere Schutzwache. Vor- und Nachhut war so gut bestellt, daß kein Feind sich zu zeigen wagte.

Alexanderschanze

Nach dem Abendessen richte ich den Rucksack. Das ist ein Ritual auf der Wanderung. Ich kenne kaum eine andere Tätigkeit, die so befriedigt. Mit wenigen Handgriffen ist die Welt geordnet. Auch wenn ich alles auspacke, findet das, was ich dabei habe, auf dem halben Tisch Platz. Das Blasenpflaster kann im Deckelfach bleiben, die Regenhülle muss ich wohl auch morgen nicht überstülpen. Die Socken lüften am Fenster, das Unterhemd trocknet in der Dusche. Die Sonnenbrille könnte ich putzen. Aber das kann ich auch morgen noch.

Auf dem Nachttisch vibriert das Handy. Es ist Wolfgang, mein alter Schulfreund. Als Kinder sind wir im *Kaufhaus Nestle* endlos mit der Rolltreppe gefahren. Sie führte ein Stockwerk hoch und war die einzige im ganzen Landkreis. Im Sommer holten wir uns Softeis, von dem es hieß, da seien Bakterien drin. Vor Weihnachten standen wir bei *Spielwaren-Zeeb* vor dem Schaufenster und schauten der Modelleisenbahn beim Fahren zu. Später gingen wir in den *Anuschka-Grill*, die Pommes schmeckten nach Freiheit. Bis Wolfgangs Bruder sagte, in Frankfurt gäbe es einen Laden wie in Amerika, der heiße *McDonald's*.

In den Semesterferien nach der Zwischenprüfung fuhr ich mit Wolfgang nach Griechenland, danach verloren wir uns aus den Augen. Beim Klassentreffen 20 Jahre nach dem Abitur brachten wir uns halbwegs aufs Laufende und tauschten Visitenkarten.

Wolfgang klingt aufgekratzt. Er sei gerade in Freudenstadt, sein Onkel Georg sei gestern beerdigt worden. Jetzt brauche er dringend einen vernünftigen Menschen zum Reden. »Die haben doch eins an der Waffel.«

Es gibt anscheinend Konstanten im Leben. Seit den Schnitzeljagden mit der Jungschar, seit den Wanderungen auf dem Peloponnes war Wolfgang für Überraschungen gut. Seine Ideen kamen plötzlich, und seine Begeisterung für das Außerordentliche riss andere mit. Es wunderte keinen, dass er nach Köln ging und Kameramann wurde. Sabine, die ihn bei den Englischarbeiten hatte abschreiben lassen, sah sich zwei Filme von ihm an und sagte, die seien erstaunlich gut.

Ich schlage die Warnung von Professor Vischer in den Wind, nur ja mit keinem Begleiter zu wandern, und sei's der Freund. Am nächsten Morgen sitze ich auf einer Bank an der Alexanderschanze und warte auf Wolfgang. Im Gegenlicht kommt er vom Parkplatz. Er trägt das Hemd über dem Hosenbund, aber das hilft nicht viel. Seine Hüften waren früher schmaler. Die Arme passen nicht zu dem rundlich gewordenen Mann. Sie bewegen sich ruckartig, schwingen mechanisch wie das Pendel eines aufgezogenen Metronoms.

»Die Seelen sind übel dran,
In welchen sich Jesus nicht kann
Nach seinem Begehren vollkommen verklären.«

»Hast du was genommen?«

»Zwei Tassen Kaffee und ein Stück Hefekranz. Bis dahin war's eine schöne Leich. Aber dann kam die Gedächtnisstunde.«

An einem Tännchen, das nächstes Jahr groß genug ist für einen Weihnachtsbaum, hat eine Spinne ihr Netz gespannt. An den Fäden glitzert der Tau. Wir gehen nebeneinander, und Wolfgang erzählt von der Beerdigung. Seine Familie verkehrt in einem pietistischen Zirkel. Die Kirche sei denen nicht fromm genug, über den Trost des Pfarrers am offenen Grab hätten sie mit innerem Hochmut gelächelt, und sich am Abend im Gemeinschaftshaus versammelt, um das Leben und Sterben des Bruders Georg zu betrachten.

»Mein Onkel hat bei denen jeden Sonntag das Harmonium gespielt. Aber glaubst du, das reicht, um in den Himmel zu kommen? Die schwadronierten von der Seele, die jetzt in die Feuerwelten eingelassen wird. Bekehrt, aber nicht vollendet. Erst, wenn alle sieben Sündenarten gerichtet sind, gelangt sie zur Auferstehung.«

»Wie jetzt – ist dein frommer Onkel nicht in den Himmel gekommen?«

»Scheint so. Ständig predigen sie, die irdische Existenz sei bloß eine Vorbereitung auf das Leben in der zukünftigen Welt. Wie Schlangestehen im Kino, ein notwendiges Übel vor dem Film. Aber wenn dann einer an der Tür steht, der nicht drängelt, der Bluna trinkt statt Bier, kommt der Kontrolleur und sagt: ›Deine Karte gilt nur für die Werbung. Wenn du weiter brav bist, darfst du vielleicht irgendwann den Hauptfilm sehen.‹ Ich bitte dich – das ist doch hoffnungslos.«

Auf der Fahrt im Hellasexpress führten wir lange Diskussionen. Es ging um unsere Heimatstadt. Ich hatte Freudenstadt verteidigt. Kam mir vor wie ein Heimatkundelehrer, der den Baumeister Schickhardt preist, der im Schwarzwald die erste Planstadt nördlich der Alpen angelegt hat. Das Modell einer besseren Welt, inspiriert von den kühnen Ideen der italienischen Renaissance, harmonisch gegliedert wie das Brett des Mühlespiels. Es gab keine Festung, das Wahrzeichen dieser Stadt war die Kirche. Und diese sollte auch für Katholiken offen sein.

Aber wo ich mit dem größten Marktplatz Deutschlands auftrumpfte, beklagte sich Wolfgang über die Enge. Unter den Arkaden von Freudenstadt hätten sich die missratenen Kinder der Reformation angesiedelt. Die Frömmler und Sektierer, die selbst den Berg zu einem Jammertal erklärten.

Auch den Gedanken von der neuen Heimat für Verfolgte wollte er nicht gelten lassen. Er bestritt nicht, dass der evangelische Herzog von Württemberg diese Idealstadt für die protestantischen Flüchtlinge gebaut hatte, die aus dem katholischen Österreich vertrieben wurden. Wolfgang äffte den Lehrer nach: Kärnten, Krain und Steiermark. Im Schwarzwald hätten die Verfolgten nichts von Toleranz gelernt, sagte er, sondern im Selbstmitleid der Vertriebenen gebadet. Da müsse ein neuer Luther kommen, der denen zeige, was in seinen Thesen stehe. Als Wolfgang nach Köln ging, wirkte das wie eine Flucht.

Ein Specht hämmert gegen einen Baum. Die Wut treibt Wolfgangs Arme an. Das Metronom steigert sich zum *Andante maestoso.*

»Die reden ständig von der Gnade. Haben aber eine Heidenangst vor ihrem Gott, die über den Tod hinausgeht. Und genauso leben sie auch: Predigen Barmherzigkeit, aber wehe, du machst was falsch. Die wissen gar nicht, was Vergebung ist. ›Mir ist Erbarmung widerfahren, Erbarmung deren ich nicht wert‹ – das singen sie mit Inbrunst. Aber sobald dem Halleluja-Vergaser die Luft entweicht, wenn es hinaus geht ins Leben, wird Buch geführt. Keine bürgerliche Verfehlung ist zu klein, um nicht aufgerechnet zu werden.«

»Aber ich hab deine Eltern nicht als Heuchler erlebt.«

»Da hast du recht. Genau das macht die Sache ja so traurig: Sie meinen's wirklich ernst. Lesen täglich in der Bibel, aber hinter den dicken Schichten aller Auslegungen sehen sie nicht mehr den barmherzigen Gott, der die Menschen liebt. Das Christentum soll doch eine Hilfe sein, mit dem Leben klar zu kommen. Aber sie haben aus dieser Religion einen Hindernislauf für Fortgeschrittene gemacht. Wenn die hier an diesem Brunnen vorbeikommen« – Wolfgang zeigt nach links, wo klares Wasser durch ein Rohr aus dem Berg sprudelt und in einen Steintrog läuft – »die glauben nicht mehr an die Quelle. Die erklären dir, wie schwierig das Trinken ist. Bis sie verdursten.«

Unser Weg ist jetzt breit, flach und geschottert. Ohne Unterhaltung wäre er langweilig. Ich stichle: »Wolfgang, du bist vom schmalen Weg abgekommen.«

Das Erbauungsbild aus dem 19. Jahrhundert hängt vermutlich immer noch in seinem Elternhaus: Der breite und der schmale Weg. Mit Kutsche, Pferd und schönen Kleidern geht's elegant dahin auf dem breiten Weg. Er führt an einladenden Etablissements vorbei, zu Weltsinn und Maskenball. Doch am Ende lodert das Feuer der Hölle.

Ganz anders der schmale Pfad. Durch eine Kluft vom Treiben der Sünder geschieden, führt er auf der rechten Seite des Bildes bergan. Schon die enge Pforte am Anfang deutet auf Entsagung. Die Wiesen sind mit Mahnungen bedruckt, ein Löwe erschreckt die tugendsamen Wanderer. Über einen

Steg geht's zum Missionszelt, und neben dem strengen Auge der Dreieinigkeit leuchtet oben das himmlische Jerusalem.

Natürlich versteht Wolfgang die Anspielung.

»Diese ständigen Ermahnungen, nur ja auf dem rechten Weg zu bleiben. Hältst du morgens deine Stille Zeit, oder müssen wir uns Sorgen machen? Hast du in Köln eine gläubige Gemeinde gefunden? Geh bald ins Bett, besuch am Sonntag einen Gottesdienst.«

»So wie andere Mütter meinen, sie müssten ihren Söhnen in der Wohngemeinschaft einen Vorhang aufhängen?«

»Kann sein. Ich bin bis heute nicht dahintergekommen, ob das die übliche Besserwisserei der Eltern ist, die meinen, ihren erwachsenen Kindern dreinreden zu müssen. Die christliche Variante einer bürgerlichen Besorgnis.«

»Was sonst?«

»Vielleicht ist das ein Ausdruck eigener Angst. Vielleicht glauben sie in der Tiefe ihres Herzens an einen strafenden Gott. An eine Instanz wie eine flächendeckende Radarfalle, die jede Geschwindigkeitsüberschreitung festhält bis in Ewigkeit. Kein Wunder, dass diese Überwachung das ganze Leben lähmt.«

»O Schwarzwald, o Heimat der Zwanghaftigkeit. Wie deucht mir alles wohl bekannt. Das kenne ich auch aus bibelfernen Kreisen: Über den Einkaufskorb kommt ein Deckchen. Sonst sieht die Nachbarin, dass es Spargel gibt. Und vor dem Nachtessen wird der Rollladen heruntergelassen.«

»Sicher, die ganze Stadt ist ein Hort des Biedermeier. Die bürgerlichen Verhaltensweisen speisen sich hier wie dort aus der gleichen Quelle. Aber bei den Pietisten kommt strafverschärfend hinzu, dass man so tut, als stünden die Normen des 19. Jahrhunderts in der Bibel.«

Wir gehen nebeneinander her. Zwischen uns verläuft ein Mittelstreifen aus Gras. An der Hildahütte sehe ich, wie traurig Wolfgangs Augen sind.

»Ich bin ja kein Ketzer geworden, auch wenn das die Sorge meiner Eltern ist. Mir tut in der Seele weh, wie sie die Bibel so lange winden, bis aller Saft der Freiheit raus ist. X-mal haben sie die Geschichte von Maria und Martha gelesen. Aber wenn ich zu Besuch komme, kann ich beim Essen keine zwei Sätze erzählen, ohne dass meine Mutter mich dreimal unterbricht: ›Nimm dir noch ein Stück Braten, willst du Soße, in der Küche hab ich noch mehr Spätzle.‹

Als ich sie auf Maria ansprach, der das Zuhören wichtiger war als die Pflichten der guten Hausfrau, sagte sie verwundert: ›Aber die hatte doch Jesus zu Gast.‹«

»Ich denke, sie nehmen die Bibel wörtlich.«

»Das wollen sie ja auch. Aber sie picken sich halt die Brocken heraus, die ihnen passen. Schwule sind Sünder, da pocht man auf Paulus. Aber wenn Jesus sagt: ›Die Vögel haben Nester, die Füchse haben Gruben, aber des Menschen Sohn hat nichts, wo er sein Haupt hinlege‹ – das hält sich der bibeltreue Häuslebauer vom Leib.«

Wolfgang bläst die Backen auf und lässt Dampf ab. Seine Arme pendeln jetzt harmonischer. An einem Aussichtspunkt bleiben wir stehen. Ich hole die Wasserflasche aus dem Rucksack und halte sie ihm hin. Aber er hat keine Zeit zum Trinken. Er muss den Überdruck der Heimat loswerden.

Wolfgang schaut über das Renchtal wie Mose vom Berg Nebo ins Gelobte Land. Mit ausgestrecktem Arm zeigt er auf eine Lichtung. Sie ist von dunklem Wald gesäumt, auf der Wiese grasen Schafe.

»Wo sie gehn und stehn, sehn sie Gleichnisse. Diese Weide

kann nicht einfach schön sein. Sie muss auf Jesus verweisen, den guten Hirten. Ästhetik hat keinen eigenen Wert, alles Erleben wird theologisch verwurstet. Richtig freuen darf man sich nur über die geistige Welt. Jedem intensiven Moment nimmt man so die Spitze. Musik hört man nicht fürs Gemüt. Sie wird zur Ehre Gottes gemacht.«

»Du meinst das Poster mit dem Bibelspruch im Sonnenuntergang?«

»Exakt.« Ohne Vorwarnung schlägt Wolfgang mir wuchtig auf die Schulter. »Danke, *Compañero*, dass ich mich bei dir auskotzen darf.«

Die Waldbühne ist unserem Dialog förderlich. Wir sind ohne Zuschauer. An keinem Tisch in keinem noch so behaglichen Gasthaus wären wir uns so schnell wieder nahegekommen. Das Gehen hat den Sätzen Klarheit gegeben.

An der Lettstädter Höhe trennen wir uns. Pfeifend macht sich Wolfgang auf den Rückweg nach Freudenstadt, er zieht seiner Straße fröhlich. Ich biege nach links ab. Ein schmaler Pfad führt mit spitzen Kehren in die Tiefe. Der Hang ist so steil wie die Watzmann-Ostwand. Dort hatte ich ein mulmiges Gefühl, hier gehe ich ohne Angst. Denn hier gähnt unter mir keine Wand aus nacktem Fels, ringsum stehen Bäume. Sie nehmen dem Tiefblick das Bedrohliche.

Mir ist klar, dass ich diese 200 Höhenmeter auf demselben Weg genauso steil wieder hinauf muss. Aber der Glaswaldsee ist diesen Abstecher wert. Geologisch gehört er in die gleiche Kategorie wie der Mummelsee. Doch der Gegensatz zwischen beiden Karseen könnte nicht größer sein. Zum Glaswaldsee kommt man nur zu Fuß. Die einzige Straße endet an einem kleinen Parkplatz, von dort wandert man 20 Minuten steil bergauf. In meiner Kindheit saß am Parkplatz ein alter

Mann in einem Häuschen und kassierte die Parkgebühr. Irgendwann hat die Gemeinde ihn durch einen Automaten ersetzt. Der steht zwischen den Bäumen und stellt die Ehrlichkeit der Autofahrer auf die Probe.

Am Rand ist der Glaswaldsee so klar, dass man den roten Sand am Grund sehen kann. Doch dieser durchsichtige Streifen ist schmal, schnell wird das Wasser moorig braun, in der Mitte scheint es schwarz. Der See hat nur einen Durchmesser von 200 Metern, ist aber elf Meter tief.

Dem Tal zu steht eine Staumauer aus Sandstein. Die hat man gebaut, um im großen Schwall Wasser ablassen zu können, damit ein Floß die flache Wolfach hinunterkommt. Seit kein Flößer mehr über die Kinzig zum Rhein fährt, hat sich am Glaswaldsee nichts verändert. Lediglich ein hölzerner Pavillon wurde als Unterstand ans Ufer gebaut. Es gibt keinen Kiosk, keine Cola, keine Kuckucksuhr.

Die Badesaison ist längst vorbei. Trotzdem ziehe ich mich aus und lege meine Kleider auf eine dicke Wurzel. Die Badehose bleibt im Rucksack. Das hat nichts mit Exhibitionismus zu tun, ich bin allein. Vorsichtig steige ich ins Wasser. Es ist kalt, aber es fühlt sich weich an. Es riecht nicht modrig, es riecht schon gar nicht nach Chlor. Es riecht leise nach Wasser.

Im See spüle ich den Staub ab, den die Erinnerung aufgewirbelt hat. Das Bad ist lausig kalt. Um warm zu werden, schwimme ich mit energischen Zügen. Dabei träume ich mich in die Kindheit zurück. Hier habe ich versucht, das Kraulen zu lernen. Ohne Erfolg. Ich sehe mich in den Sommerferien. Die Sonne brannte, Libellen schwirrten über den See. Mit Laubsäge und Sperrholz hatte ich ein Boot gebaut, Tante Hilde hatte ein Segel genäht, im Glaswaldsee war Stapellauf. Ich taufte meine Jacht auf den Namen *Bremen*. Kein Windhauch kräuselte den See, und das war gut so. Das Deck meines Schiffs hielt sich einen halben Finger breit über Wasser.

Am großen Stein, der aus dem See ragt, ist mir warm. Ich kletterte hinauf. Diese Insel kommt der Heimat ziemlich nahe. Dem Ort, an dem jeder leben will. Aber keiner war je dort.

Mitte

Brandenkopf

Auf dem Weg nach Hausach lerne ich: Auch Reiseführer sollte man ernst nehmen. Von der Alexanderschanze ins Kinzigtal sind es gut 30 Kilometer. Auf dieser Strecke führt die rote Raute durch kein Dorf und keinen Weiler. Das Äußerste an menschlicher Besiedelung ist ein einsamer Bauernhof auf der Hark. Der kommt nach 15 Kilometern. Die Gaststube hat geschlossen. Das ist nicht weiter schlimm, ich kann ja in der Kreuzsattelhütte einkehren, das sind noch zwei Kilometer. Sie enden mit der Erkenntnis, dass diese Hütte nur sonntags bewirtschaftet wird.

Die nächste Chance auf eine Suppe ist der Brandenkopf. Der Aufstieg verläuft gemäßigt und tut nicht weh. Oben stehe ich vor dem Aussichtsturm, den ich schon vom Schliffkopf aus gesehen habe. Neben dem vierkant gemauerten Monument liegt das Wanderheim. Es hat geschlossen. Angefressen hole ich die Broschüre des Schwarzwaldvereins aus dem Rucksack, aber da wird es richtig bitter. Im Kleingedruckten steht: RT: Mo.

Der Käppelehof, die letzte Gaststätte vor Hausach, ist ebenfalls mit Montag als Ruhetag verzeichnet. Dass die Kreuzsattelhütte nur sonn- und feiertags geöffnet hat, steht auch da.

Ja, du hast gut spotten. Seit dem Brandenkopf weiß ich es auch: Lesen hilft.

Auf den Aussichtsturm zu steigen ist jetzt wirklich nicht mehr drin. Missmutig setze ich mich auf eine verlassene Bank und esse meinen vorletzten Müsliriegel. Das Wetter weiß nicht, was es will. Am Himmel schwappt Milch mit grauen Schlieren. Wenigstens habe ich keinen Durst.

In dieser trüben Stimmung fragst du nach Hansjakob? Bleib mir bloß weg. Auch wenn der Priester Heinrich Hansjakob 1837 im Kinzigtal geboren wurde, auch wenn ein Wanderweg auf den Brandenkopf nach diesem seinerzeit beliebten Volksschriftsteller heißt: Mir ist im Nordschwarzwald schon der Pietismus in die Quere gekommen. Wenn ich mich jetzt noch an den katholischen Widersprüchen aufhalte, komme ich nie nach Basel.

Der Weg wird jetzt lang. Alles ist weit auseinandergezogen. Der gefühlte Abstand zwischen den Sitzbänken nimmt zu. Seit Pforzheim bin ich an unzähligen vorbeigekommen. Auf kaum eine habe ich mich gesetzt. Aber sie haben ein gutes Gefühl gegeben: Ich könnte, wenn ich wollte. Demnächst werde ich einen Führer schreiben: Bänke am Westweg, großer Serviceteil im Anhang. Man darf die Individualität dieser einfachen Sitzgelegenheiten nicht unterschätzen. Es gibt solche mit morschen Latten und solche mit verbogenem Gestell. Manche haben panzerfeste Sitzflächen aus halbierten Baumstämmen. Andere sind getauft, eine ganz lustige heißt Faulenzerbänkle.

Die beste Bank an meinem Weg aber kommt beim Abstieg nach Hausach. Erst sehe ich nur zwei Stiefel. Die grauen Einlegesohlen sind herausgenommen und trocknen auf einem Stein. Sie gehören vermutlich zu dem Mann, der rücklings auf den Latten liegt. Seinen Kopf hat er in den Schoß einer Frau gebettet. Ich will nicht stören, mein Gruß kommt so unsicher, als ob ich am Strand plötzlich einer Nackten gegenüber stünde. Aber die Frau winkt freundlich, der Mann streckt seinen Kopf über die Lehne, setzt sich aufrecht und bietet mir mit einer Handbewegung Platz an.

Unterhaltung könnte jetzt gut tun. Ich hole den letzten Riegel aus dem Rucksack und setze mich zu Martin und Regina. Beide sehen nach erfahrenen Wanderern aus. Ihre Kleidung kommt nicht direkt aus dem Outdoorladen. Martin sagt auf pfälzisch:

»Ich hätt nicht gedacht, dass dieses bisschen Lauferei den Körper so durcheinanderbringt.«

Im Sommer hat er mit Freunden die Alpen überquert. Mit Mountainbikes sind sie von Oberstdorf an den Gardasee gefahren. Martin hat sich in sengender Hitze über den Schrofenpass gequält, den 2 600 Meter hohen Gavia hat er ebenfalls bezwungen. Nach dieser Männertour erschien ihm der Westweg, zu Fuß und mit seiner Frau, die geeignete Strecke zum Auslaufen.

Aber er hat den Schwarzwald unterschätzt. In Unterstmatt, am geplanten Ende der dritten Etappe, waren die beiden noch nicht müde. Also beschlossen sie, ein paar Kilometer dranzuhängen. Doch die nächsten beiden Hütten waren voll, und das Hotel auf dem Schliffkopf war zu teuer. So fanden sie erst nach 47 Kilometern auf dem Kniebis Quartier.

Dieser Marsch steckt ihnen zwei Tage später noch in den Knochen. Als wir gemeinsam weitergehen, hat Regina den Brandenkopfblick. Er ist leer. Ergeben trottet sie neben ihrem Mann her. Der hält ihre Hand. Fügt sie sich stumm und klug in ihr Schicksal, oder fehlt ihr schlicht die Kraft zum Hadern?

Martin erzählt von dem Buch, das ihn zu diesem Weg angeregt hat. Ein Manager hat beschrieben, wie er ausgestiegen und durch die Alpen gewandert ist. Thomas ist Ingenieur, Mitte 40, und sagt über seine Arbeit: »Ich hab auch die Sinnkrise.«

Vom Westweg erhofft er sich eine neue Anregung fürs Leben. Er ist unzufrieden und weiß nicht warum. Er kann sich leisten, was er braucht. Regina hat eine Stelle als Erzieherin, und sie haben Freunde, mit denen sie viel unternehmen.

»Aber soll das schon alles gewesen sein?«

Der Weg verlässt jetzt den Wald. Wiesen ziehen sich den Hang hinunter. Unten fließt ein kleiner Bach. Die Bäume am Ufer machen aus ihm eine große Linie. Sie schlängelt sich in unregelmäßigen Windungen und gibt dem Tal seine Kontur. Eine Bäuerin treibt ein paar Kühe Richtung Stall. Sie ist jung, das rote Kopftuch hat sie so lässig gebunden wie das Mädel von der Farm im Kino. Ihre Arbeit verrichtet sie im Gleichmut des stimmigen Alltags, sie hat genug Freundlichkeit übrig für einen Gruß. Die Bäuerin wirkt wie ein Mensch, der seiner Aufgabe gewachsen ist.

Kurz vor Hausach setzt der Regen ein. Er kommt ohne Wind und fällt in so sanften Tropfen, als ob er sich bei den Wanderern entschuldigen wollte: Tut mir leid, aber es muss sein. Pastellgelbes Licht zerfließt im weichen Grau des Himmels.

Im nächsten Sommer bekomme ich eine Mail von Martin: »Der Westweg hat unser Leben verändert. Seit vier Wochen haben wir eine kleine Tochter.«

Hausach

Am nächsten Morgen bin ich mit Herrn Lehmann verabredet. Aus seinem blauen Blouson holt er einen eisernen Schlüssel. Der ist 30 Zentimeter lang und passt in die Tür im Turm der Burg Husen. Von oben sehe ich, wie breit sich das Kinzigtal in den Schwarzwald kerbt. Schon die Römer nutzten diesen Einschnitt, um die Wildnis zu durchqueren, die ihnen ansonsten undurchdringlich erschien. Für Kaiser Julian, der gegen die Alemannen kämpfte, war dieser Wald, der damals der Herzynische hieß, die wildeste Gegend in seinem ganzen Reich:

> Wenn einer meint, das Tempetal in Thessalien oder das Gelände bei den Thermopylen oder das riesige Taurusgebirge sei unwegsam, so soll er wissen, dass dies alles, was die Unzugänglichkeit betrifft, neben dem Herzynischen Wald kaum Erwähnung verdient.

Klaus Lehmann ist so alt wie der Bindestrich, der seit 1952 Baden und Württemberg zu einem Bundesland vereinigt. Er lebt an der Grenze. Sein Heimatort Hausach gehört zu Baden. Aber man ist hier nicht grob zu den Nachbarn, die ein Stück weiter oben im Kinzigtal leben. Man nennt sie Dachtrauf-Schwaben. Das ist nett gemeint.

Herr Lehmann trägt weißes Haar und einen Schnauzer. Im Schwarzwaldverein ist er Vorsitzender der Ortsgruppe, im Historischen Verein hat er das Amt des Stellvertreters inne. Er sitzt im Gemeinderat und kümmert sich um das Bergbaumuseum. Nur mit den Mountainbikern, die im Skiclub organisiert sind, verbindet ihn eine stabile Feindschaft. Die machen seiner Meinung nach den Wald kaputt.

Auf dem Turm erklärt Herr Lehmann seine Heimat. Die Eisenbahn fährt seit 1866 durchs Kinzigtal. Mit ihr kamen die Touristen. Denen wollte man etwas bieten, also ließ der Verschönerungsverein Zinnen auf den schmucklosen Burgturm mauern. Sie sollten der Ruine ein romantisches Aussehen geben.

Damals kam auch das Wandern in Mode. Man legte Wege an, 1864 wurde in Freiburg der Schwarzwaldverein gegründet. »Früher war der in Gaue eingeteilt«, erklärt Lehmann. Jetzt heißen sie Bezirke. »Früher hat man sich vor einer Wanderung ›Waldheil‹ gewünscht, aber jetzt sagt man nichts mehr.« Nur der Wegwart heißt weiterhin Wegwart – »oder wollen Sie da jetzt ein englisches Wort von mir hören?«

In Hausach gibt es zehn Wegwarte. Der Volksmund nennt sie spöttisch Täfelesnagler. Sie nageln nicht nur Schilder an, sie waschen die Rauten auch regelmäßig ab, damit die Wegzeichen gut sichtbar sind. Bevor der Deutsche Wanderverband im Jahr 2007 den Westweg zertifizierte, musste bei Hausach die Route geändert werden, um das Gütesiegel eines Qualitätswegs zu erhalten. Also legten die Mitglieder des Schwarzwaldvereins mit Pickel und Schaufel einen neuen Weg an. Ein Kilometer Handarbeit am elend steilen Spitzfelsen.

Für das Qualitätszertifikat brauchte es auch eine neue Fußgängerbrücke über die Kinzig. Die schlanke Konstruktion schwingt sich in hellem Kiefernholz wellenförmig über das Wasser. Klaus Lehmann ist stolz auf diesen Steg, doch den benachbarten Gauen sticht er wie ein Dorn ins Auge. Sie neiden den Hausachern das Geld, das für dieses Bauwerk bewilligt wurde.

An den Wochenenden wandert Lehmann mit seiner Ortsgruppe. Wenn einer irgendwo im Schwarzwald ein zu strammes Tempo vorlegt, ruft der Vorsitzende zur Ordnung: »He, das ist nicht der Westweg!«

Dieser steht auch bei den vereinsmäßig organisierten Wanderern als Symbol für eine sportliche Herausforderung. Natürlich ist Lehmann ihn schon gegangen. Aber er hat die Etappen wochenendweise portioniert. Er sagt: »Am Stück wär's eine Schinderei«.

Schon im Jahr 1900 legte der Schwarzwaldverein den Westweg an. Trotzdem steht diesem nicht das Erstgeburtsrecht unter den deutschen Fernwanderwegen zu. Im Thüringer Wald veranstaltete der Rennsteig-Verein bereits drei Jahre früher die große Runst. Diese historische Kränkung versetzt dem Lokalpatriotismus von Herrn Lehmann einen Stich. Doch er hat eine Salbe: »Der Rennsteig sagt einem Amerikaner nichts. Aber der Schwarzwald ist weltbekannt.«

Lehmann wandert von Kindesbeinen an. Die Fortbewegung zu Fuß ist für ihn ein Mittel, um die Natur mit allen Sinnen aufzunehmen. Unter der Woche fährt er mit seinem Golf durch Baden-Württemberg und verkauft Werbeflächen an Bushaltestellen. Was die Waldwege bedeuten, merkte er erst, als er längere Zeit krank war: »Beim Wandern spürt man, wie wichtig die kleinen Dinge im Leben sind.«

Als 1951 die Abstimmung zum Südweststaat anstand, ging es für Badener und Schwaben um Großes: Wollten sie in einem gemeinsamen Bundesland leben? Der Modus der Volksbefragung begünstigte die Befürworter der Vereinigung. Leo Wohleb, der badische Staatspräsident, kämpfte leidenschaftlich dagegen. Er strengte eine Verfassungsklage an, sie wurde abgewiesen. In Offenburg bezog der Verleger Franz Burda eine taktische Position. Sein Sohn Frieder erzählte später, wie sich der Vater seinen drei halbwüchsigen Kindern erklärt hat:

»Buben, ihr müsst nicht denken, ich sei ein Fähnchen im Wind. Im Herzen bin und bleibe ich Badener. Aber ich stimme für den Südweststaat, weil die Schwaben ein schlechtes Gewissen haben. Ihr werdet sehen: Wenn ihr später nach Stuttgart zur Regierung geht, stehen euch dort die Türen offen.«

Die Rivalität zwischen den beiden Nachbarn entzündete sich aber nicht erst 1951. Das zeigt der Bahnhof von Hausach. Er ist zu groß für diesen Ort, das gibt Herr Lehmann unumwunden zu. Zwischen den Bahnsteigen liegen nicht nur die Gleise der Kinzigtalbahn. Seit 1873 fährt hier auch die berühmte Schwarzwaldbahn. Dieses Meisterwerk des badischen Ingenieurs Robert Gerwig wurde in ganz Europa bewundert. Zwischen Hausach und St. Georgen müssen die Schienen einen Höhenunterschied von 564 Metern überwinden. Die Entfernung zwischen beiden Orten beträgt in der Luftlinie nur 21 Kilometer. Doch Gerwig verlängerte die Strecke künstlich auf 38 Kilometer. So gelang es ihm, die Steigung unter 20 Promille zu halten. Wo die Täler für Kehrschleifen zu eng waren, ließ er Kehrtunnels in die Berge treiben. Für die 38 Kilometer durch den Schwarzwald brauchte er 37 Tunnels. Im Sommerau-Tunnel unterqueren die Schienen die europäische Hauptwasserscheide zwischen Rhein und Donau.

Selbst die Schweizer zeigten sich beeindruckt. Sie bauten die Nordrampe der Gotthardbahn nach den Plänen von Robert Gerwig. Der Schwarzwald stand Modell für die Alpen.

Es wäre auch einfacher gegangen. Vor dem Bau der Schwarzwaldbahn hatten die Fachleute drei unterschiedliche Trassen erarbeitet. Die sogenannte Schiltachlinie war die einfachste. Sie folgte der geographischen Logik und wählte den leichtesten Weg über das Gebirge: das sanft ansteigende Kinzigtal hinauf, dann dem Flüsschen Schiltach entlang nach

Schramberg. Aber das war der Haken: Schramberg lag in Württemberg. Die dortige Uhrenindustrie stand in Konkurrenz zur badischen in Furtwangen. Und die Schwaben durften partout nicht von der Eisenbahn profitieren. Also wählte man die kühne Sommerau-Linie. Ihr Bau war erheblich teurer. Aber jede Schwelle lag auf badischem Boden.

Das Königreich Württemberg und das Großherzogtum Baden waren zwei Nachbarn, die eine ähnliche Entwicklung verkraften mussten. Beide Staatsgebilde waren von Napoleons Gnaden entstanden. Im frühen 19. Jahrhundert wuchsen sie unnatürlich schnell. Die beiden Halbstarken rieben sich aneinander, das musste wohl so sein. Jeder konnte durch die Abgrenzung vom andern besser sagen, wer er selbst sei.

Zwei Jahrhunderte später drückt der badische Kabarettist Volkmar Staub es so aus:

> Man hat sich aneinander gewöhnt. Wie in einer alten Ehe weiß man, was man an sich hat. Der Schwarzwald ist wie die Bettritze im alten Ehebett. Da geht man nur rüber, wenn man unbedingt muss.

Farrenkopf

Ich hab dir doch schon von meiner Tour mit Uli und Hermann erzählt. Zum Glück kannte ich damals Herrn Lehmann noch nicht. Wir hatten die kühne Idee, in einer Woche mit dem Mountainbike durch den Schwarzwald und die Vogesen zu fahren. Wir wollten es krachen lassen. Im Schwarzwald schien uns der Westweg gerade recht. Für die Vogesen hatten wir keinen genauen Plan. Auf jeden Fall wollten wir auf den Grand Ballon d'Alsace.

Aber schon am ersten Berg hat uns der Schwarzwald die Zähne gezogen. Wir starteten an einem Sonntagmorgen in Hausach. Es regnete, wir fuhren trotzdem. Als man noch die letzten Häuser sah, mussten wir schon schieben. Gemach, dachte ich, das kann nicht so steil weitergehen, auch wenn wir schon viele Heldengeschichten über den Anstieg zum Farrenkopf gehört hatten. Es wurde auch flacher. Aber hier rutschte das Hinterrad an einer glitschigen Wurzel ab, dort bockte der Vorderreifen an einem kantigen Stein. Nach zwei Stunden erreichten wir einen Wegzeiger, auf dem stand: *Hausach 7 Kilometer.*

Da sagte Hermann: »Her mit der Pistole, ich schieß das Schild weg.«

Um aus dem Kinzigtal in den Süden zu kommen, sind es immer noch 550 Höhenmeter auf den Farrenkopf. Ohne Fahrrad bin ich kaum langsamer, aber diesmal sehe ich andere Zeichen. Ein hölzernes Kruzifix, geschmückt mit frischen Zweigen, macht Mut:

Wanderer – geh weiter und verzage nicht.

An einer Buche hängt ein Briefkasten. Er ist sorgfältig grün lackiert und trägt die rote Raute. In diesem gut gewarteten Behältnis steckt das Wanderbuch. Wer eine empirische Studie über die Wiederentdeckung des Gehens in der fortgeschrittenen Zivilisation schreiben will, sollte hier Feldforschung betreiben. Etliche Einträge zeigen, wie dehnbar das Fernwandern ist. Sabine und Dieter lassen die Welt wissen, dass ihnen der Westweg nicht lang genug sei. Sie sind unterwegs auf dem *E 1*, zu Fuß von Wilhelmshaven bis zum Bodensee. Vorgestern hat sich ein anderes Paar verewigt, Prinz und Prinzessin. Sie sind an ihrem Romantik-Wanderwochenende hier vorbeigekommen und loben die vorbildliche Beschilderung.

Man könnte das Wandern für langweilig halten. Aber das stimmt nicht. Diese stetige Bewegung hat ihren eigenen Reiz. Wen die Zivilisation noch nicht völlig verbogen hat, der durchschaut schnell das Geheimnis der langsamen Gleichförmigkeit. Es kommt darauf an, einfach einen Schritt nach dem anderen zu machen. Die Schritte müssen nicht schnell sein, sie müssen nicht groß sein, und es müssen keine zwei auf einmal sein. Das ist kolossal erleichternd. Männer sind sowieso unbegabt für das Multitasking, und von den Frauen beherrschen auch nur die wenigsten diese Überforderung.

Natürlich strengt der Anstieg auf den Farrenkopf an. Die Augen brennen salzig, ich komme ins Keuchen. Aber ich kann in meinem Tempo gehen. Keiner hetzt mich. Der Schweiß, den ich hier vergieße, ist zuträglicher als die Anspannung im Büro. Hier muss ich nicht auf der Hut sein, ob ein Wichtigtuer um die Ecke biegt. Ich muss nicht abpassen, wann ein günstiger Moment wäre, um den Chef zu sprechen. Auch das steilste Stück am Farrenkopf kann ich in meinem Rhythmus bewältigen. Da braucht's kein Taktieren und Sondieren: Will mir einer seine Arbeit aufhalsen, oder braucht der Kollege tatsächlich Hilfe?

Vor allem aber: Am Ziel stellt sich eine tiefe Befriedigung ein. Dieses Gefühl ist viel intensiver als das abstrakte Glück, das man Erfolg nennt. Weil der Körper maßgeblich an der Arbeit beteiligt war. Wandern strengt entspannend an.

Oben auf dem Farrenkopf steht die Hasemann-Hütte. Du glaubst nicht, dass es so etwas mitten in Deutschland noch gibt. Die Ortsgruppe des Schwarzwaldvereins Gutach hat dieses Blockhaus 1912 gebaut. Seither hat sich so gut wie nichts verändert. Es gibt eine Feuerstelle zum Grillen, unter dem tief heruntergezogenen Walmdach stehen Bänke. Die Tür ist nicht abgeschlossen. Innen deuten Kerzenstumpen und Biergläser darauf hin, wie dieser Ort bespielt wird: Hier feiern Gruppen, und wenn sie genug haben, schlafen sie in der Hütte.

Erstaunlicherweise ist das nicht verboten. Ein Schild bittet lediglich mit einem bemühten Reim, Abfall und leere Flaschen wieder mitzunehmen.

Du glaubst nicht, dass das funktioniert? Weil im Hamburger Stadtpark das Volk zu blöd zum Grillen ist? Ich weiß, jedes Wochenende qualmen die Müllcontainer, weil Banausen ihre Holzkohle hineinkippen, und die Feuerwehr muss löschen. Vielleicht klappt das Feiern auf dem Farrenkopf, weil es keine Straße gibt. Wer jede Flasche Bier zwei Stunden zu Fuß den Berg hinaufschleppt, überlegt sich, welchen Quatsch er lieber lässt.

Karlstein

Kein Wanderer geht den Westweg von Basel nach Pforzheim, obwohl die Berge in dieser Richtung auch nicht höher sind. Die Raute führt genauso verlässlich in den Norden. Aber jeder folgt der Idee, in den Süden zu gehen. Dorthin, wo alles leichter wird. Nach Süden, denkt man, geht's bergab.

Hinter dem Farrenkopf bleibt der Weg behaglich auf dem Bergrücken. Streckenweise ist dieser überraschend schmal. Die Laubbäume nehmen zu. Zwischen Tannen und Fichten wachsen Birken und Eschen, Laub raschelt zwischen den Schuhen. Rechts und links stehen Büsche Spalier. Ihre Zweige biegen sich über den Pfad, unter einem grünen Dach träume ich mich voran. Der Weg ist wie eine Allee, aber diese hat nichts künstlich Angelegtes. Die Äste biegen sich von selbst. Dieses grüne Gewölbe engt nicht ein wie ein Tunnel. Es hält die Welt auf Abstand, aber der Himmel scheint durch. Jeder Schritt tut gut. Schlag noch einmal den Bogen um mich, du grünes Zelt.

Unter Bäumen fühlt sich die Einsamkeit behaglich an. Sie ist das Gegenteil von einem Samstagabend ohne Gesellschaft in der Stadt. Ohne Menschen vor dem Fernseher zu sitzen, schmeckt nach verlorener Zeit. Im Wald bin ich gern mit mir allein.

In einer Schutzhütte mache ich Rast. Nach einer Weile nähert sich ein älteres Paar. Die Frau ist gut zu Fuß, der Mann watschelt. Seinen Schritten fehlt der Rhythmus, das rechte Bein tut sich schwer mit dem Übergewicht. Der nächste Wanderparkplatz ist nicht weit, aber der alte Herr schwitzt schon bis hinauf zu seinen vollen weißen Locken.

Zielstrebig steuern die beiden meine Hütte an. Die Frau entdeckt mich auf der Bank, zögert und richtet mit den Augen eine stumme Frage an den Mann. Er schaut unentschlossen. Ich bräuchte jetzt nicht dringend Gesellschaft, aber es wäre unbarmherzig, dem dicken Wanderer den Weg zur nächsten Bank zuzumuten. Also sage ich, hier sei noch alles frei.

Die beiden müssen Schwarzwälder sein. Es dauert, bis ein Gespräch zustande kommt. Die Frau öffnet den grauen Rucksack. Er stammt aus der Baumwollzeit, der Henkel aus Plastik ist rissig geworden. Als erstes holt sie eine Papierserviette heraus, faltet sie auseinander und legt sie dem Mann, der ihr Ehemann sein muss, auf den Schoß. Dann bekommt er ein Brot, eingewickelt in Alufolie, belegt mit geräuchertem Schinken.

Aus dem Südwestfunk war mir Gotthilf Penibel ein Begriff. In der Hütte am Westweg lerne ich seine Frau kennen.

Sie vespert im Wald, als ob sie im Wohnzimmer das gute Tischtuch aufgelegt hätte. Pickt ihrem Mann zwei Krümel von der Cordhose, achtet beim Einschenken in die beiden Plastikbecher darauf, dass kein Tropfen Tee auf den gestampften Boden läppert. Ihre Lippen sind voll, vermutlich wurden sie selten geschminkt.

Sind das Schwaben? Es kann im Schwarzwald heikel sein, wenn man falsch herum fragt. Fast so wie beim Griechen, den man für einen Türken hält. Ich entschließe mich für das kleinere Risiko und frage bemüht neutral: »Kommen Sie aus Baden?«

»Noi, mir sen koine Gelbfiaßler.« Der Mann ignoriert den Tadel im Blick seiner Frau und fängt an zu erzählen. Von seiner Jugend in der Nachkriegszeit, da hätten sie sonntags Radtouren gemacht, und als die Abstimmung zum Südweststaat anstand, hätten sie sich im Kinzigtal über die Propaganda von Leo Wohleb geärgert, der auf ein eigenständiges Land Baden pochte.

»Der hat sich aufgeführt wie der Großherzog. Der wollte ums Verrecken nicht mit uns zusammengehen, auf seinen Plakaten stand: ›Wir wollen keine Schwabenstreiche!‹«

Der Rest der Geschichte klingt nach Wildwest. Die schwäbischen Radfahrer rissen ein Plakat ab, Baden grub das Kriegsbeil aus. Die Schwaben flohen das Kinzigtal hinauf, die Verfolger jagten ihnen nach. Hinter Schenkenzell kam die Grenze, jetzt fühlten sich die Württemberger sicher. Sie verschanzten sich, ein Holzstoß war so gut wie die Palisaden eines Forts. Mit ihren Luftpumpen gingen sie zum Angriff über. Wohlebs tapfere Krieger mussten sich geschlagen auf ihr Stammesgebiet zurückziehen.

»Lang ist's her«, sagt der Veteran und lächelt versonnen, »jetzt fahr ich Mercedes und muss schnaufen.«

Seine Frau schießt aus der Hüfte: »Du bist schon in die Breite gegangen, als du den VW gekauft hast.«

Da war ihr Mann schon Lehrer, später wurde er zum Schulleiter befördert. 1973 kam die Gebietsreform, plötzlich verschoben sich die Grenzen. Das zuständige Oberschulamt war jetzt nicht mehr in Tübingen, sondern in Freiburg.

»Am Anfang habe ich mich bei den Tagungen gefühlt wie ein Südtiroler im römischen Landtag. Aber die Freiburger waren nicht uneben. Das waren nicht solche Griffelspitzer wie die Tübinger. Die haben katholisch regiert: Solange es keine kritischen Berichte über das Oberschulamt in der Zeitung gab, konnte man tun und lassen, was man wollte.«

Der Lehrer im Ruhestand kann den historischen Grenzverlauf zwischen Baden und Württemberg genau angeben. Er zeigt nach Osten.

»Wenn Sie hier ins Tal hinuntergehen, kommen Sie auf altes schwäbisches Gebiet. Gutach, Hornberg und Kirnbach sind erst 1810 badisch geworden. Aber evangelisch sind sie geblieben. Von hier stammt der berühmte Schwarzwälder Bollenhut! Den durften die Mädchen ab der Konfirmation tragen.«

Als die Frau des Lehrers die Tupperdose mit den Apfelschnitzen aus dem Rucksack holt, verabschiede ich mich. Es tröpfelt wieder. Bis zum Karlstein hat es sich eingeregnet. Nackter Fels ragt steil in die Höhe, der graue Granit hat grünes Moos angesetzt. Ein Eisengeländer führt über gehauenen Stufen hinauf. Nach Osten fällt dieser schroffe Brocken 20 Meter fast senkrecht in die Tiefe.

Bis Napoleon kam und in Europa großzügig die Grenzen verschob, war dieser Stein ein Viermärker. Hier stießen die Länder von vier Herren aufeinander: Baden und Württemberg, Österreich und Fürstenberg. Es heißt, die Herrscher hätten sich einst zum gemeinsamen Mahl an diesem herausragenden Ort getroffen. Das Essen habe auf einem gemeinsamen Tisch gestanden, aber jeder habe auf seinem eigenen Territorium gesessen.

Ursprünglich hieß dieser Fels der Große Hauenstein. Er ist knapp 970 Meter hoch, im 18. Jahrhundert war er der höchste Gipfel Württembergs. Anno 1770 gelüstete es den Herzog, diesen zu besteigen. Carl Eugen weilte in Bad Teinach zur Brunnenkur, am 21. Juli brach er im Nordschwarzwald auf. Sein Generaladjutant, Freiherr von Buwinghausen-Wallmerode, zeichnete die Reise in seinem Tagebuch getreulich auf.

Das Gefolge ritt über Freudenstadt, Schiltach, Wolfach und das Gutachtal nach Hornberg. »Die Tracht der Bauren auf dem Schwartzwald, und auch deren Weiber und Kinder« erregten Aufmerksamkeit. Nach zwei Tagen gelangte die schwäbische Expedition an den Fuß des Großen Hauenstein.

> Zuletzt mußten wir noch an 3 Leitern an den Felsen hinaufsteigen. Der Herzog waren überall Selbsten mit vorne daran. Da wir zu oberst auf dem Felsen waren, so sahen wir das Straßburger Münster, den Berg, worauf die drei Schlösser von Freiburg liegen, den Zollerberg im Hechingischen und die Türme von Freudenstadt.

War der Kahlschlag im Schwarzwald schon flächendeckend? Hatte Carl Eugen bereits so viele Holländertannen fällen lassen, dass er bis Freudenstadt sehen konnte? Oder handelte es sich um eine untertänige Übertreibung des Generaladjutanten, der den höchsten Berg seines Herrn überhöhte?

Auf jeden Fall zeigte die Expedition des Herrschers, dass die Romantiker kein gänzlich zutreffendes Bild von den Schwarzwäldern malten. Auch im entlegenen Gebirg beherrschten nicht alle den aufrechten Gang. Der Oberamtmann von Hornberg warf sich in den Staub und fragte, »ob es Serenissimus nicht erlauben würde, daß dieser Stein in Zukunft der Hohe Carl-Stein genennet werden dörffte«.

Hoheit goutierte. So befahl der Kriecher vom Oberamt, eine Sandsteinplatte auf den schwäbischen Everest zu stellen. Sie hat das Format eines Grabsteins und nennt die Teilnehmer der Expedition. Ferner steht in Stein gemeißelt, dass der Herzog mit eigener Hand »zween baeme« gesetzt habe, und dass der Oberamtmann zu Hornberg Matthaeus Goelz geheißen.

Da wird der Karlstein zum Sinai. Moses heiliger Zorn kommt über mich. Ich reiße den Stein des Speichelleckers aus dem Fundament und hebe ihn drohend in den nassen Himmel. So wie der Prophet die Gesetzestafeln schleuderte, als sein Volk um das goldene Kalb tanzte, so will ich die deutschen Kriecher zerschmettern. Aber wo anfangen? Bei Elke im Sekretariat, die ihren Charme ausknipst, sobald einer aus der Gunst des Chefs gefallen ist?

Noch vor dem großen Wurf erlahmt mein Arm. Ermattet stelle ich den Stein zurück an seinen Platz. Soll er dort für alle Zeiten ein Mahnmal bilden wider die Oberamtmänner, sichtbar bis Berlin.

Bad Godesberg

Nach dem Abstieg vom Berg des Zorns brauche ich neue Kraft. Im Gasthaus *Schöne Aussicht* bestelle ich Schwarzwälder Kirschtorte. Der grüne Kachelofen wärmt sacht den verschwitzten Rücken. Im Majolika-Relief springt ein Hirsch, im Radio singt ein deutscher Cowboy: »Der wilde, wilde Westen fängt gleich hinter Hamburg an.«

Bedächtig arbeite ich mich durch die Schichten des Tortengebirges. Die Bedienung, eine junge Frau mit einer langen Trachtenschürze, kommt vorbei und erkundigt sich freundlich, ob alles recht sei. Ihre Frage stammt aus einer anderen Zeit. In ihr schwingt die Erinnerung an Menschen, die körperlich hart arbeiten mussten und für die es ein Fest war, wenn sie sich satt essen konnten. Sie fragt: »Ist alles reichlich?«

Es ist mehr als das. Die Sahne schmeckt nach geschlagenem Rahm und nicht nach Tortenhilfe, die Borkenschokolade bildet einen zartbitteren Kontrast zur üppigen Süße. Der Konditor, der die Bisquitböden mit Kirschwasser getränkt hat, ist kein Knauser. Seine Hingabe ans Handwerk reicht bis in die unterste Schicht. Dort, wo die Versuchung groß ist, mit Gelatine zu pfuschen, stoße ich auf echte Sauerkirschen. Sie liegen dicht an dicht.

Als ich einen Schluck Kaffee trinke, höre ich einen unterdrückten Klagelaut. Ich schaue mich in der Gaststube um. Aus dem Radio kommt der Verkehrsfunk, aber der beunruhigt hier niemanden. Alle Senioren ringsum sind wohlauf. Also neige ich den Kopf Richtung Teller und halte das linke Ohr an die Torte. Kein Zweifel, das Stöhnen kommt aus der mittleren Sahneschicht:

»Bfrrmcchnnn.«

Ich flüstere: »Was auch immer du mir sagen willst – sprich deutlicher.«

»Befreie mich von Bonn.«

Ich überlege, was darauf zu antworten wäre. »Dir, Torte, kann geholfen werden«, sage ich, »auch der Schwarzwald wird seit geraumer Zeit aus Berlin regiert.«

Mit jedem Bissen höre ich mich besser ein in die cremigen Laute. Das meine sie nicht, spricht die Torte. Sie brauche Erlösung.

»Du kannst mich reinigen. Befreie mich von der Schmach der falschen Geburt.«

Diesen Auftrag der weißen Prinzessin muss ich ernst nehmen. Allmählich dämmert mir, dass es um Josef Keller geht. Der Mann war Konditor in Bad Godesberg und behauptete, der Vater der Schwarzwälder Kirschtorte zu sein. Im Jahr 1915 habe er sie im *Café Agner* erfunden, aus dem Rheinland habe seine Schöpfung ihren Triumphzug um die Welt angetreten.

So berühmt ist sie geworden, dass man sie vor Kirschtortenbastarden schützen muss. Das *Bundesministerium für Ernährung, Landwirtschaft und Verbraucherschutz* hat eine Verkehrsverordnung erlassen:

> Als Füllung dienen Butterkrem und/oder Sahne, teilweise Canache sowie Kirschen, auch als Stücke in gebundener Zubereitung. Der zugesetzte Anteil an Kirschwasser ist geschmacklich deutlich wahrnehmbar.

Die Stiefschwestern aus Buttercreme verschweige ich der Prinzessin, sie würde wohl vor Gram zerfließen. Über den Makel der späten Geburt kann ich sie trösten. Die Torte, die so traditionsgesättigt wirkt, als habe schon Prinz Eugen sie verspeist, die kann gar nicht auf eine lange Ahnengalerie verweisen. Bevor das Kühlaggregat erfunden wurde, war geschlagene Sahne so wenig haltbar wie Schnee.

Schwerer wiegt die geografische Bezichtigung. Ein Stammbaum, der geradewegs an den Niederrhein führt, ist für eine Schwarzwälderin nicht akzeptabel. Auch der Hinweis wirkt kaum lindernd, das Originalrezept von Josef Kellers Urtorte befinde sich im *Café Schäfer* in Triberg.

Aus Tübingen kommt Hilfe. Der dortige Stadtarchivar Udo Rauch hat im Jahr 2007 die Geburtslegende von Godesberg erschüttert. Er konnte nachweisen, dass jener Konditor Keller 1915 keine Sahne schlug, sondern im Schützengraben lag. Das Originalrezept in den Händen der Triberger zweifelt er nicht an, doch er bemerkt sachlich, dass dieses undatiert sei. Dagegen kann der Archivar beweisen, dass ein gewisser Erwin Hildenbrand, Backstubenleiter im Tübinger *Café Walz*, im Frühjahr 1930 die erste Schwarzwälder Kirschtorte gebacken hat. Sein Lehrling Hermann Rammensee stellte zwei Jahre später auf dem Verbandstag des württembergischen Konditorenhandwerks ein Modell dieser Schöpfung vor. 1934 war die Torte schon so bekannt, dass ihr Rezept in einem Backbuch aus Radebeul erschien.

Die Tübingen-Hypothese war ein Stoff für die *Bildzeitung*. Sie wollte eine Tortenschlacht anzetteln. Doch der Stadtarchivar war ein Ehrenmann und verweigerte das Gespräch. Da ging *Bild* zum Bürgermeister. Boris Palmer ist von der grünen Partei, ließ sich aber gern mit einer Schwarzwälder Kirschtorte fotografieren, wurfbereit Richtung Rheinland.

Meine Prinzessin schluchzt.

»Tübingen – wo soll das sein?«

Ich versuche mein Bestes. Ich sage, wer sich in Tübingen mit einem guten Stück Torte gestärkt habe, könne es mit dem Fahrrad in den Schwarzwald schaffen. Außerdem habe der Konditor Hildenbrand in Furtwangen und in Freudenstadt gearbeitet, bevor er nach Tübingen ging, also bitte.

»Und überhaupt: Die Kirschen auf den Sahnetupfern sehen

aus wie die roten Kugeln auf dem Bollenhut. Manche sagen, du hättest deinen Namen von der Schwarzwälder Tracht.«

Dieser Trost bewirkt das Gegenteil. Die Schwarzwälder Ortsnamen Furtwangen und Freudenstadt haben sie beruhigt, aber jetzt heult die Prinzessin stärker als zuvor.

»Die Menschen sind so dumm. Nur bei Gutach trugen wir Mädchen diesen Hut. Schon die Tribergerinnen setzten den Schäppel auf. Aber die ganze Welt glaubt, der Schwarzwald sei voll von roten Bollen.«

Jetzt wird mir das Gejammer zu blöd. Ich nehme die oberste Kirsche, hebe sie mit der gespritzten Sahnerosette auf die Gabel, sehe ihr streng ins Auge und sage:

»Andere Landschaften wären froh, wenn sie ein Markenzeichen hätten. Frag einen Chinesen, was er vom Harz weiß. Hat sich schon mal ein Amerikaner über dich hergemacht, der von den Alpen mehr kennt als Neuschwanstein? Also gib dich gefälligst mit deinem Bollenhut zufrieden.«

Dann schlucke ich die Kirsche mitsamt dem Sahnekrönchen mitleidlos hinunter, zahle und gehe wieder in den Wald.

Du fragst, ob mir der ernsthafte Stoff ausginge? Ich bitte dich: Die Kritiker sind übereingekommen, Mark Twain für seinen *Bummel durch Europa* zu loben. Doch der hat Geschichten erfunden, dass die Schwarte kracht. Will ein Floß nach Heidelberg gesteuert haben. Hat auf der Rigi angeblich den Untergang der Sonne mit deren Aufgang verwechselt – so dekadent kann nicht mal ein Amerikaner sein. Aber gut, ich begebe mich zurück auf den Pfad der Ernsthaftigkeit. Und folge Tucholsky, der gewarnt hat: Humor diskreditiert.

Herrenwald

Es hat sich eingeregnet. Der Wald wird wunderlich, der Weg verfinstert sich zu einem dunklen Gang. Ein nasser Gedenkstein erinnert an Karl Schwab aus Oberkirch, einen Volkssturmmann, der hier von der SS erschossen wurde. Das Schlimmste an dem grauen Stein ist das Datum: 23. April 1945. War der Wald nicht groß genug, um den alten Mann zu verbergen? Gab es keinen Bauern, der ihn in seinem Heu versteckt hätte? Nur zwei Wochen, dann hätte Karl Schwab den Wahnsinn überlebt.

Oberhalb von Schonach taucht ein Torbogen auf. Er ist aus rotem Sandstein gehauen und steht rätselhaft allein, wie ein Stück Filmkulisse unter den ausladenden Zweigen einer Tanne. Das Haus zum Tor fehlt. Es gibt keine Tür und keine Mauer, der Bogen sieht aus wie ein aufrecht gestelltes Hufeisen, das jeden Moment umfallen kann. Die Jahreszahl 1604 ist eingemeißelt.

Gegenüber steht ein Kruzifix. Es ist der Anfang einer Spur. Sie führt zu Emilian Kienzler auf den Gmaishof. Der heißt so, weil der Großvater ihn der Gemeinde Schonach abgekauft hat. Im Schwarzwald ist ein Bauernhof ein Fixpunkt in der Landschaft, dem gibt man nach zwei Generationen nicht einfach einen neuen Namen, bloß weil der Besitzer gewechselt hat.

Emilian Kienzler ist Waldarbeiter im Ruhestand, Jahrgang 1941. Gemeinsam mit seiner Frau bewirtschaftet er den Gmaishof, »solang wir zwei Alten noch können. Wir haben fünf Kühe und machen ein Kälble fett.« Die beiden Söhne arbeiten in der Fabrik, der Altbauer hält die Tradition aufrecht. Am Mittag und Abend läutet er das Gebetsglöcklein der Judas-Thaddäus-Kapelle, die zum Hof gehört.

Emilian Kienzler freut sich, dass ein Fremder Interesse an seiner Heimat zeigt. Er erzählt gern, aber er ist nicht geschwätzig. Wenn ihm etwas nicht einfällt, fragt er seine Frau: »Annelies, weißsch du no?«

Der einsame Torbogen hat zum Herrenwälder Hof gehört. Die Kienzlers, die ihn bewirtschafteten, waren mit seiner Familie entfernt verwandt. Im 19. Jahrhundert war der Bauer vom Herrenwald so verschuldet, dass er nur einen Ausweg sah: auswandern nach Amerika. Um 1870 machte sich die Familie mit Sack und Pack auf den Weg. Doch da, so hat Emilian Kienzler die Geschichte gehört, sagte die Bäuerin: Wir können den Herrgott nicht allein da hinten lassen. Also lud man das Kruzifix, das zu jedem Schwarzwälder Hof gehört, auf den Wagen. Als die Auswanderer an der Judas-Thaddäus-Kapelle vorbeikamen, wähnten sie ihren Herrgott in guter Gesellschaft. Sie luden das Hofkreuz ab und lehnten es an die Wand. Von dort kam es auf die Tenne des Gmaishofs.

1895 brannte in Mühlenbach bei Haslach ein Hof ab. Der in Not geratene Bauer Prinzbach erhielt vom Amt die Genehmigung, sich des herrenlosen Herrenwälderhofs zu bemächtigen. Er zog jedoch nicht in das leer stehende Anwesen. Der Hof musste zu ihm kommen. Zimmerleute trugen ihn Balken für Balken ab und bauten ihn dort wieder auf, wo die Prinzbachs ihre Felder hatten. Seither steht der stattliche Hof aus dem Herrenwald hinter dem Landwassereck. Beim Umzug hat er lediglich eine Veränderung erfahren. Das Walmdach deckte man nicht mehr nach alter Art mit Holzschindeln. Man nahm rote Ziegel.

Als der Hausforscher Hermann Schilli in den 1960er Jahren das erste Freilichtmuseum Baden-Württembergs einrichtete, erfand er also kein neues Verfahren. Rund um den Vogtsbauernhof ließ er die verschiedenen Typen der Schwarzwälder Bauernhäuser aufbauen, die sich vom Kinzigtal bis zum Schauinsland entwickelt hatten. Die alten Höfe wurden abgetragen und im Gutachtal wieder aufgebaut. In der Küche des Hippenseppenhofs bekommt man eine Ahnung, warum die Hausverschiebung auf dem Tieflader kein großes Problem darstellte. Dort riecht es, als hätte die Bäuerin den Herd gestern zum letzten Mal geheizt. Der Ruß liegt in dicken schwarzen Schichten auf den Balken. Der Rauch des offenen Feuers hat das Holz tadellos konserviert.

Das Kruzifix des Herrenwälderhofs lag über ein Jahrhundert auf der Tenne des Gmaishofs. Als der Holzfäller Emilian Kienzler in den Ruhestand kam, brachte er den Herrgott einem Holzschnitzer zum Restaurieren. Nach alter Art ließ er ein kleines Dach über das Kreuz zimmern. Es ist mit Schindeln gedeckt und schützt den Heiland vor dem Wetter. Beim Forstamt holte er die Genehmigung ein, das Hofkreuz an seinem ursprünglichen Ort wieder aufstellen zu dürfen. So kam im Oktober 2006 der Landtagsabgeordnete von Schonach in den Herrenwald. Am Westweg sang der Kirchenchor, der Pfarrer segnete, anschließend lud Emilian Kienzler zu einem Fest auf die Tenne des Gemeindehofs.

Lediglich seine Spurensuche in Amerika blieb ohne Erfolg. Kienzler hat ein Patenkind in New York. Dem gab er den Auftrag, im Einwandererverzeichnis zu forschen. Der Bauer vom Herrenwald taucht dort nicht auf.

Wilhelmshöhe

Im Mittleren Schwarzwald öffnet sich die Landschaft. Die Wiesen werden größer und die Berge flacher. Der Regen bekommt mehr Angriffsfläche. Er fühlt sich anders an als im Kinzigtal. Dort unten ist er höflich gefallen. Hier oben kommt er als grober Landregen daher. Seine Tropfen bringen eine große Ausdauer mit. An Feinheiten wie pastellfarbenes Licht ist nicht mehr zu denken.

Im Nassen stoße ich auf ein Bild aus einer versunken geglaubten Zeit. An einem Einödhof steht die Stalltür offen. Die Wärme der Kühe dampft heraus. Der Bauer sitzt in einer blauen Arbeitshose auf der Bank unter dem großen Dach. Er liest keine Zeitung, er hört kein Radio, er raucht nicht. Er schaut stumm in das Wetter und macht Pause. Der Mann sitzt breitbeinig und hat Ruhe.

An der Fassade hängt das Longinuskreuz. Der römische Reiter Longinus sticht mit seiner Lanze dem Heiland in den Leib, um zu prüfen, ob er tot sei. Die Werkzeuge, mit denen Jesus gemartert wurde, sind drastisch dargestellt, mit handwerklicher Liebe zum Detail. Die katholische Volksfrömmigkeit hat diese Szene den Kindern mit einem deftigen Reim nahegebracht:

Der Longinus mit de Lanze
Schtach Christus in de Ranze
D'Lanze war lang und breit
In Ewigkeit Dreifaltigkeit.

Der Regen hat die Farbe aus diesem Bild gewaschen. Es ist schwarzweiß, aber es ist kein historisches Foto. Die Fassade hinter dem Longinuskreuz ist aus Eternit.

Auf dem Weg liegt ein Salamander. Seine nasse Haut sieht aus wie Plastik aus dem Spielzeugladen. Es ist kalt geworden, er kriecht in Zeitlupe. Meine Stiefel sabschen, und der Wald verliert allen Trost. Ein Holzstoß an einem Schuppen ist mit Plastikfolie abgedeckt. Aus den Falten rinnen dünne Wasserfälle, daneben lehnt ein Schild:

Skiverein Rohrhardsberg grüßt
Georg Hettich
Silbermedaillen Gewinner 1997

Die Ränder sind schwarz-rot-gold, das Schild steht in einer Pfütze.

Meine mangofarbene Jacke hat ihr Versprechen nicht gehalten. Ich bin nass bis auf die Haut. Erst dachte ich, das sei der Schweiß. Doch die Feuchtigkeit am Körper wird immer kälter. Das muss Regenwasser sein. Die Ärmel könnte ich auswinden. Als ich auf der Wilhelmshöhe bin, sehe ich aus wie der gelbe Sack.

Die Wirtin gestaltet die Ankunft virtuos. Sie fragt nicht, ob ich eine gute Anreise gehabt hätte. Sie spart sich diese Floskel, auf die kein Hotelier der Welt eine ehrliche Antwort hören will. Sie sieht auf meine Wanderschuhe und sagt, ich solle sie ihr geben. Mit Zeitungspapier stopft sie die nassen Stiefel aus und stellt sie über Nacht in den Heizraum. Die triefende Jacke hängt sie neben den Kessel.

War das eine Wohltat am nächsten Morgen: Nichts war mehr klamm, jede Naht war trocken. Meine Füße schlüpften in behagliche Wärme. Ich fühlte mich gewappnet für das, was kommen sollte.

Sankt Christoph

Hinter Schonach geht's durch die ärgsten Klischees. Das *Schwarzwaldmädel* begleitet mich als bunter Schatten. Diese Figur ist ein Kriegskind, das 1917 zum ersten Mal die Bühne betrat. Als an der Westfront verkohlte Baumstümpfe aus zerbombtem Boden ragten, bot eine Operette in Berlin die Ausflucht ins Idyll. Sie erzählt eine hanebüchene Geschichte: Die zwei Freunde Hans und Richard fahren in den Schwarzwald, wo Hans Ruhe sucht vor seiner Verlobten, der kapriziösen Malwine von Hainau. Die beiden kommen nach Sankt Christoph, in ein kleines Dorf mit einem großen Dom. Hier finden sie Quartier beim alten Domkapellmeister Blasius Römer. In rasender Eifersucht reist Malwine ihrem Hans hinterher, doch der hat sich schon in Bärbele verliebt, die hübsche Haushaltshilfe des Kapellmeisters.

Am Cäcilienfest trifft sich das Dorf nach der Messe zum Tanz. Es kommt zu einer wüsten Schlägerei, doch im dritten Akt lösen sich alle Wirrungen auf: Hans bekommt Bärbele, Malwine verlobt sich mit Richard. Nur der alte Domkapellmeister, der ebenfalls in Bärbele verliebt war, muss sich mit der Musik trösten.

Sicherheitshalber verlegte das Libretto die Handlung ein Jahrhundert zurück. Sankt Christoph wurde mitsamt seinem katholischen Kolorit als Dorf im schwäbischen Teil des Schwarzwalds ausgegeben. So konnte hemmungslos gereimt werden:

Mädle aus dem schwarzen Wald,
Die sind nicht leicht zu habe!
Nur ein Schwabe hat die Gabe,
Stiehlt ins Herz sich bald.

In den folgenden zehn Jahren wurde dieses Stück etwa 6000 Mal aufgeführt. 1922 kam es in Buenos Aires auf die Bühne. Auf der Leinwand dagegen war das *Schwarzwaldmädel* ein Flop. Dreimal wurde der Stoff ohne Erfolg verfilmt. Das änderte sich erst, als Deutschland den nächsten Krieg verloren hatte. 1950 kam das *Schwarzwaldmädel* zum vierten Mal ins Kino, und jetzt traf es den Nerv der Zeit. Der erste Farbfilm der Nachkriegszeit löste die sogenannten Trümmerfilme ab. Er zeigte den Schwarzwald als heile Welt. Sonja Ziemann als Bärbel und Rudolf Prack als Hans wurden das Traumpaar, das Publikum schwelgte in romantischen Träumen. Gelb strahlte der Ginster, rot leuchtete der Bollenhut, die Obstbäume blühten optimistisch weiß. Unbeschwerte Musikanten zogen über grüne Wiesen, Malwine legte am lauschigen Dorfbrunnen eine melodramatische Szene hin.

Kurz gesagt, es ist ein Film zum Fremdschämen. Paul Hörbiger darf Sätze sagen wie: »Dieser Kuss ist Melodie geworden.« Die Dialoge knarzen zwischen Hochdeutsch und gewolltem Dialekt, die Schwarzwälder erscheinen als merkwürdiges Menschengemisch. Dem schönen Bärbele steht der tumbe Gottlieb gegenüber, ein ungeschlachter Riese, der alles zu Klump schlägt, was ihm in die Finger kommt.

Dem Publikum, das gerade den Krieg überstanden hatte, wurde Vertrautes in neuem Gewand präsentiert. Wieder marschierten die Menschen. Aber nicht mehr in feldgrauer Uniform, sondern in bunter Festtagstracht. Die Kapelle spielte nicht mehr den Badenweiler-Marsch, sondern Volksmusik. Die junge Bundesrepublik hatte ihren ersten Heimatfilm. Dieser bediente die alten Sehnsüchte der Romantik. Er zeigte den Schwarzwald als das bessere Deutschland. Die Natur war intakt, das Leben überschaubar. Mochten die Dörfer auch von zurückgebliebenen Hinterwäldlern bevölkert sein, so hatten diese unverdorbenen Menschen doch ihr Herz auf dem rechten Fleck.

Die Phantasie dürstete nach Wirklichkeit. Deutschland hatte ein Sehnsuchtsziel, zwischen Sankt Märgen und Sankt Blasien erlebte der Fremdenverkehr einen rasanten Aufschwung.

In Hamburg hatte ich einen Hausmeister, der hieß Heinz Rindfleisch. Als er sich den ersten Opel Kadett leisten konnte, fuhr er an den Titisee. Bis zur Rente blieb er dem Schwarzwald treu, jeden Sommer frischte er für zwei Wochen seine Jugendliebe auf.

Als Kulisse für das *Schwarzwaldmädel* diente Sankt Peter. Der Luftkurort wurde zum Filmdorf. In den Siebzigerjahren drehte Roy Black hier *Schwarzwaldfahrt aus Liebeskummer*, er fand sein Happy End mit der Hochzeit in der barocken Pfarrkirche Peter und Paul. In Sankt Peter entstanden Szenen für die *Schwarzwaldklinik*, ein ganz wilder Streifen hieß *Der Sheriff von Sankt Peter.*

Doch die Bewohner dieser Heimatkulisse wissen, dass all diese Bilder nur ein Abglanz waren. Sie haben das Bewusstsein für das Original bewahrt. 1993 lud Sankt Peter zur 900-Jahr-Feier. Das Filmdorf schwelgte in der Nostalgie der Fünfzigerjahre. Sonja Ziemann kam als Ehrengast. Sie wurde in der Kutsche zum Festplatz gefahren.

Furtwangen

Die Zwillingstürme von Sankt Peter liegen rechtsab vom Westweg. Von links droht das nächste Klischee. In Triberg führt Johann, der Schwarzwälder Uhrenträger, zur größten Kuckucksuhr der Welt. Der Kuckuck wiegt 150 Kilo, das Räderwerk im

Maßstab 60:1 ist begehbar, es gibt Führungen auf Spanisch. Seit 1997 steht diese Uhr im Guinnessbuch der Rekorde. Seither gehört Josef Dold aus Schonach zu den Exweltmeistern. Er kann jetzt nur noch damit werben, dass er die erste weltgrößte Kuckucksuhr gebaut hat.

Drei Jahre hatte Dold für seinen Rekord gearbeitet, 1980 war er am Ziel. Im Uhrwerk befand sich ein begehbarer Verkaufsraum für Kuckucksuhren in Normalgröße. Die Pfeifen waren eineinhalb Meter groß, das Gewicht wog 70 Kilo und musste alle vier Stunden aufgezogen werden. Damit der Uhrmacher nachts nicht aufstehen musste, übernahm ein Elektromotor diese Arbeit.

Josef Dold wollte sich den Tribergern nicht kampflos geschlagen geben. Er hatte genug Platz ums Haus und Pläne für den Überkuckuck. Aber die Behörde verweigerte ihm die Baugenehmigung.

Das unstrittig größte deutsche Uhrenmuseum befindet sich in Furtwangen. 8 000 Exponate zeigen die Kulturgeschichte der Zeitmessung, unter ihnen befinden sich 130 Kuckucksuhren. Das älteste Exemplar stammt aus dem Jahr 1760, jedoch ist unklar, ob es im Schwarzwald oder im Elsass gebaut worden ist. Unzweifelhaft steht jedoch fest, dass diese Erfindung nicht im Schwarzwald gemacht wurde. Der Augsburger Patrizier Philipp Hainhofer hörte schon im Dreißigjährigen Krieg den Kuckucksruf aus einer Uhr. Aber das war in Dresden, das kuriose Stück gehörte August von Sachsen.

Der Kuckuck ist auch nicht typisch für den Schwarzwald. Dieser Vogel fühlt sich in den Dünen genauso wohl. Sein Ruf ist jedoch mit einfachen Mitteln mechanisch zu erzeugen. Man nehme zwei Blasebälge aus Papier, die Luft in zwei hölzerne Pfeifen pressen. Diese sind im Abstand einer Terz gestimmt. Der hohe Ton erklingt zuerst, dann folgt der tiefe. Insgesamt braucht man nur acht zusätzliche Teile, um aus einer Uhr eine Kuckucksuhr zu machen.

Um das Jahr 1780 begannen Bauern und Handwerker im Schwarzwald, hölzerne Uhren zu bauen. Für den Vertrieb konnten sie auf bewährte Strukturen zurückgreifen: Glasträger nahmen die Uhren mit und brachten sie draußen in der Welt an den Mann. Im Museum von Furtwangen befindet sich eine im Schwarzwald gefertigte Uhr mit chinesischen Zeichen auf dem Zifferblatt. Sie wurde um 1840 nach Asien geliefert.

Weniger als zehn Prozent der im Schwarzwald gebauten Uhren hatten einen Kuckuck, doch schon bald stand diese Minderheit für das Ganze. In französischen Romanen des 19. Jahrhunderts hieß die Uhr *coucou*. Das war die einfache Holzuhr, die bei armen Leuten hing. Im Unterschied dazu nannte man die aufwendige Kuckucksuhr *horloge coucou*.

Der Großherzog von Baden trieb auch in der Schwarzwälder Uhrmacherei die Industrialisierung voran. 1850 gründete Robert Gerwig in Furtwangen die erste deutsche Uhrmacherschule. Das war jener Ingenieur, der 15 Jahre später die Kehrtunnels der Schwarzwaldbahn in die Berge treiben ließ. Gerwig lobte sogleich einen Wettbewerb aus: Die vaterländischen Künstler im Großherzogtum sollten ein neues Gehäuse für die Kuckucksuhr gestalten.

Den erfolgreichsten Entwurf reichte der Architekt Friedrich Eisenlohr ein. Dieser hatte zwischen Mannheim und Freiburg alle Bahnhöfe der Badischen Staatsbahn gebaut, außerdem hatte er einen Musterplan für die mehr als 300 Bahnwärterhäuschen gezeichnet. Diesen übertrug er auf die Kuckucksuhr: ein Häuschen mit schrägem Dach, am Giebel befand sich die Klappe für den Vogel. Römische Ziffern zeigten die

Stunden an, Laub und Rankenwerk verzierten das schlichte Gehäuse.

Diese Grundform bietet Raum für Variationen. Man kann sie mit Hirschen schmücken, einen Holzhacker dazuschnitzen oder ein Bambi neben das vermeintliche Schwarzwaldhäuschen kleben. Wer nach Besonderem strebt, wählt ein Modell, bei dem noch eine zweite Tür aufspringt, dort tanzt ein Trachtenpaar im Kreis.

Der Gelsenkirchener Barock hat sich dieses bürgerlichen Requisits bemächtigt. Wie ein Magnet zieht die Kuckucksuhr Klischees von weither an. Amerikaner kaufen sie gern mit Barry, dem Bernhardiner, der mit seinem Schnapsfässchen um den Hals eigentlich für die Schweizer Alpen steht.

Im 19. Jahrhundert festigte die Zeit ihre Herrschaft über die Menschen. Die Maschinen der Industrie gaben den Takt des Lebens vor, die Freiräume des Unpünktlichen wurden kleiner. Die Uhr zerlegte den Tag in Einzelteile. Sie war nicht länger ein Privileg der Reichen, sie hing jetzt auch in den Wohnstuben des Volks. Der Kuckuck half, sich an die neue Zeit zu gewöhnen. Er nahm dem Zeitmesser das Unerbittliche, er verbrämte den Zwang der Zivilisation mit der Romantik des Waldes.

Die schlichte Faszination der Kuckucksterz verband die Familie. Der kleine Frieder erschrak, wenn der Vogel plötzlich aus dem Häuschen sprang. Das nicht ganz Geheure erzeugte einen Schauder. Das Kind wartete gebannt, wann der Kuckuck wieder riefe. Erwachsene konnten mit Hilfe dieses Wunderwerks erste Gesetzmäßigkeiten zeigen, die sich aufs Leben übertragen lassen: Wenn der große Zeiger oben ankommt, ist es wieder so weit.

Als die Uhr elektrisch wurde, ließ man die Tannenzapfengewichte als Attrappen an den Aufzugsketten. Jetzt war es an der Zeit, den Kuckuck spießig zu finden. Doch seine Faszination hielt auch der elektrischen Gitarre stand. Der naive Zweiklang erinnerte an das Glück im Land der Kindheit.

Ein wissenschaftlicher Mitarbeiter des Uhrenmuseums zeigt nicht ohne Stolz die Renaissance der Kuckucksuhr. Es gibt sie gehäkelt, es gibt sie als Reihenhaus. Bei einem Modell springt Homer Simpson statt des Vogels aus dem Kasten. Nicht so witzig findet der Wissenschaftler dagegen die Parodie von Stefan Strumbel. Dieser Künstler hat ein lila Plastikschwein über das römische Zifferblatt montiert, an die Stelle des Hirschgeweihs setzte er zwei Maschinenpistolen.

»Ich bitte Sie«, sagt der Uhrenkundler. Ihm missfällt, dass ein Badener aus Offenburg den Revoluzzer aus dem Ghetto mimt. Dass einer, der 1979 geboren wurde, noch immer den 68er gibt und Barrikaden stürmt, die längst geräumt sind. »Damit kann man doch niemand mehr provozieren«, höhnt der Kulturgeschichtler, »zum Glück gibt es im Schwarzwald noch ein paar bornierte Tourismusmanager.«

In der Sache kann er dem Künstler allerdings nicht widersprechen. Es gibt eine Linie, die von den Uhrenschnitzern in den Krieg führt. In Schramberg wurde 1861 die Firma Junghans gegründet. Sie führte im Schwarzwald die Methoden der amerikanischen Uhrenindustrie ein. Der Firmengründer Erhard Junghans schilderte in der Manier des Unverstandenen, wie er seine Arbeiter im Akkord zur feinmechanischen Höchstleistung trieb:

> Mit der vor mir liegenden Sekundenuhr habe ich lange Zeit jedem einzelnen die Handgriffe und seine Leistungen vorgemacht und dann die Preise dafür bestimmt, und nur der Umstand, daß die Leute nach und nach mehr verdienten und bei

> gleicher oder geringerer Anstrengung mehr leisteten, verhalf endlich meiner Arbeit zum Siege.

Groß wurde das Unternehmen mit einem Zeitmesser, der die Menschen in den Rhythmus der Maschinenwelt zwängte. In Schramberg wurden Wecker produziert. Als das 20. Jahrhundert anbrach, war Junghans die größte Uhrenfabrik der Welt, sie beschäftigte mehr als 3 000 Mitarbeiter. Ab 1905 bauten sie auch mechanische Zeitzünder für die Artillerie. Dieses Geschäft sollte sich als krisensicher erweisen.

Die Uhrenindustrie gab 1970 im Schwarzwald noch 30 000 Menschen Arbeit. Bei den Olympischen Spielen 1972 in München stellte Junghans stolz die offizielle Zeitmessung. Dann kam die Quarzuhr. Die Zahl der Beschäftigten in der Schwarzwälder Uhrenindustrie sank auf 1300.

Die Firma Junghans gehörte längst einem Rüstungskonzern. Der verkaufte die unrentablen Uhrmacher, 2008 mussten sie Insolvenz anmelden. Es ist der Initiative eines örtlichen Unternehmers zu verdanken, dass in Schramberg weiterhin Uhren gebaut werden.

Das Geschäft mit den Zündern aber ist bombensicher. *Junghans Feinwerktechnik* liefert Teile für Waffen aller Art, vom Bodenaufschlagszünder für Panzermunition bis zum Zeitzünder für Raketen. Wegen wachsender Exportgeschäfte gab sich das Unternehmen 2007 den international leichter verständlichen Namen *Junghans microtec*. Die Terrorabwehr der Vereinigten Staaten zählt die Firma zu den weltweit wichtigsten Lieferanten der amerikanischen Rüstungsindustrie.

Es war gut, dass ich in Wiesbaden keine Granate zur Hand hatte. Dort war ich auf eine Kuckucksuhr gestoßen, die ebenfalls behauptete, die größte zu sein. Was der Stadtplan als

Sehenswürdigkeit verzeichnete, war nicht wirklich eine Uhr. Es war ein mannsgroßes Zifferblatt auf einem Schaufenster. Jede halbe Stunde sprang unter Hirschgeweih und Eichenlaub ein taubenartiger Vogel aus der Fassade eines Nachkriegshauses. Hinter der Scheibe mit den römischen Ziffern waren die Reiseandenken versammelt, die ein Amerikaner mit schlechtem Geschmack aus Europa mitbringt: Bierkrüge und Hummelfiguren, Rauschgoldengel und Solinger Messer. Das nackte Männchen pisste über der heiligen Familie, handgeschnitzt aus dem Erzgebirge.

Spontan wollte ich auf amerikanische Art für Ordnung sorgen: *Shoot first, ask questions later.* Ich besann mich dann aber auf die Manieren des alten Europa und ging in das Geschäft. Der Inhaber wischte mit einem feuchten Feudel den Linoleumboden. Der Mann war Anfang 60 und hatte den Gruß des Kaufmanns verinnerlicht. Er klagte, dass der Dollar keine vier Mark mehr wert sei.

Der Laden der Gebrüder Stern war durch amerikanische Kunden groß geworden. Seine Werbung war ganz auf diese Klientel zugeschnitten: das meistfotografierte Geschäft in Europa, die größte Kuckucksuhr der Welt. Das stehe auch in amerikanischen Schulbüchern, sagte der Händler. Meinen Hinweis auf Triberg und das Guinnessbuch wischte er müde weg: Seine Kuckucksuhr sei die größte ihrer Art.

Aber dann wurde die Geschichte von Herrn Stern doch noch interessant. Seine Vorfahren stammten vom Rhein und aus der Pfalz. Einem Teil der Familie gelang es, rechtzeitig aus Deutschland zu fliehen. Zeev Stern wuchs in Israel auf. In seinem Kinderzimmer hing eine Kuckucksuhr.

Blindensee

Der Mittlere Schwarzwald ist erholsam. Die tiefen Täler liegen abseits, die flachen Berge fühlen sich wie sanfte Hügel an. Ein paar Kilometer nach der Wilhelmshöhe gehe ich durch ein Hochmoor. Unter buschigen Kiefern wächst Heidekraut, der Herbst trägt violett. Es gibt sandfarbenes Gras und warmes Braun. Ein hölzerner Bohlenweg glänzt silbergrau in der Morgensonne. Er führt zum Blindensee. Dieser ist in der Karte als Naturschönheit verzeichnet, und das stimmt. Er blickt als dunkles Auge ruhig aus der Landschaft. Keine Welle kräuselt das Wasser, seine Oberfläche ist glatt wie Glas. In ihm spiegelt der Himmel sein Blau. Selbst die hingehauchten Schleierwolken bilden sich auf dem Wasser ab. Die Birken am anderen Ufer sind doppelt zu sehen. Ihre hellen Stämme ragen in den Horizont und in den See.

Der Blindensee hat weder Zu- noch Abfluss. Um dieses rätselhafte Wasser ranken sich Sagen. Eine Kuh, so erzählten die Schwarzwälder einst, sei hineingefallen und ertrunken. Wochen später sei sie in der Donau wieder aufgetaucht.

Dieser See ist zu friedlich, als dass man ihm trauen könnte. Seine dunkle Faszination wirkt bedrohlich. Das kommt in einer anderen Sage zum Ausdruck: Als der Blindensee vor langer Zeit auszubrechen drohte, spannte die Mutter Gottes ein Netz von Fäden wie einen Damm vor die Öffnung. Jedes Jahr verfault ein Faden. Wenn der letzte verwest ist, bricht das Wasser aus und überflutet das Tal. Das wird am Bartholomäustag geschehen, wenn in Triberg Jahrmarkt gehalten wird.

Die Gegenwart macht solche Geschichten überflüssig. Sie hat ein Mittel gefunden, den Zauber zu brechen. Zwischen den Birkenstämmen spiegelt sich ein weißer Schaft im dunklen Wasser. Die drei Flügel eines Propellers zerschneiden den See, sein Geheimnis ist geschreddert. Die Bauern der Gegend nennen das Windrad Trittins Rache.

Was sagst du? Das könne Ärger geben? Da hast du recht: Die grünen Spießer denunzieren schnell. Lästern über Agrarromantiker. Oder stempeln dich als konservativ ab, auch wenn du nie einen Meter mit Erwin Teufel gegangen bist.

Natürlich kommt auch im Schwarzwald der Strom nicht aus der Steckdose. Der Bauer spannt im Märzen nicht mehr die Rösslein ein, er steigt auf den Traktor. Und mit dieser Maschine allein ist es noch lange nicht getan. Ich bin an einem Bauernhof vorbeigekommen, der braucht einen Anbau für seinen Fuhrpark. Das Gebäude ist aus Sichtbeton und größer als das Feuerwehrhaus im nächsten Dorf. Hinter Rolltoren stehen Geräte, von deren Zweck und Namen ich keine Ahnung habe. Auf diese Großgarage wurde die Ferienwohnung gebaut. Sie ist mit einem Flachdach gedeckt. Weil dieses nicht gar so arg an den Baumarkt erinnern soll, ahmen ein paar Ziegel das Steildach eines Schwarzwaldhauses nach. Sie glänzen grün glasiert. Viel Spaß beim Urlaub auf dem Bauernhof!

Das geb' ich gerne zu: Hier oben bin ich empfindlicher. Ich suche eine Insel im Meer der Funktionalität. Ich brauche Abstand von den kalten Lösungen der Technokraten. Im Wald will ich die Zumutungen der Zivilisation vergessen. Deshalb verträgt der Blindensee kein Windrad.

Da soll mir kein Kunstgeschichtler mit den Windmühlen in Holland kommen. Mag ja sein, dass auch diese Maschinen ursprünglich als Störung der Landschaft empfunden wurden, dass sie erst nach einer Phase der Gewöhnung zu romantischen Motiven wurden. Aber genau da liegt das Problem: Ich lebe heute, nicht in 100 Jahren. Ich empfinde Windkrafträder nicht mit den Gefühlen des Jahres 2099. Zwischendurch brauche ich Erholung von den Anstrengungen der Avantgarde.

Ich sehne mich nach einem Schwarzwaldhaus, nach der Geborgenheit von altem Holz. Leben und Arbeit sollen sich unter einem großen Dach vereinen. Dieses duckt sich nicht, es wagt sich in die Höhe. Stürme werden kommen, aber der hohe First ist ihnen gewachsen. Der Schnee kann ihm nichts anhaben, seine Last gleitet an den steilen Seiten ab. Ich träume von dieser klaren Form, die sich wie eine Skulptur aus der Landschaft erhebt.

Nein, ich suche keine heile Welt. Ein paar Tage ohne Eternit würden schon reichen. Ich will einen Ort, der nicht im großen Einerlei versinkt. Es muss doch ein paar Berge geben, die nichts zum Funktionieren beitragen müssen, die unnütz herumstehen dürfen. Verschont sie von Rotoren. Es gibt in diesem Land genug banale Gegenden, über denen der Wind weht.

Martinskapelle

An einem Bretterzaun steht eine dicke Australierin. Sie strafft das Kinn, um sich neben einer Pfütze fotografieren zu lassen. Einen Arm hat sie um ihre dünne Tochter gelegt. Diese hält sich an einem lilafarbenen iPod fest. Eine großkalibrige Sonnenbrille verdeckt ihre Augen. Der Rest des Gesichts sagt, dass sie ohne ihre Musik diesen peinlichen Ausflug nicht überleben würde.

Jetzt kommt auch noch der Text ihres Onkels. Dies sei die Quelle der Breg, sagt er. Die Breg sei der längste Quellfluss der Donau, sie stünde also hier, an der Martinskapelle, an der Quelle von Europas zweitgrößtem Strom.

»*Don't bundy me*«, sagt das Mädchen, verarschen kann ich mich selbst. Die junge Australierin wirkt nicht so, als ob sie sich allzu viel aus der Geographie Europas machen würde. Aber diese Zumutung ist zu arg. Mit einem einzigen Schritt kann sie die Donau übersteigen. Aus reiner Provokation stellt sie sich mit ihren Sneakers mitten in den Fluss. Sie bekommt keine nassen Füße. In der flachen Pfütze liegt ein gelbes Blatt vom Bergahorn. Es bewegt sich keinen Hauch in Richtung Schwarzes Meer. Zwei Findlinge sind mit Bronzeplatten versehen, die Australierin ignoriert die gusseisernen Inschriften. »Tss, tss«, macht sie und geht ungläubig über die drei gemauerten Stufen davon.

Zwei Wiesen weiter grast eine Rinderherde. Der Stier strotzt vor Kraft. Eine Kuh käut wieder, das Kalb reibt seinen Kopf an ihrer Seite. Am Wegrand wächst Farn. Er trägt die Farben des Herbsts und leuchtet im Gegenlicht, die Rispen glänzen verschwenderisch. Das ist kein Schmuck, der beim Empfang zur Schau getragen wird. Mein Collier ist dicker als ihrs, Frau Doktor. Das Waldgold leuchtet allen, die gehen und sehen können. Umsonst und draußen.

Am Günterfelsen ist kein Denkmal mehr. Die markanten Steine tragen Moos, nichts erinnert an Albert Schlageter, den Märtyrer der Nazis. Am Waldrand leuchtet ein Holzstoß in der Sonne. Die Scheite sind faszinierend geschichtet. Jedes Holzstück ist anders, ihre ungleichen Kanten verzahnen sich. Der schmale Stapel ragt gute zwei Meter hoch, er lehnt nicht an einer Wand, sondern steht frei. Es braucht keine Pfosten zur Begrenzung und keinen Draht, der das Ganze zusammenschnürt. Die Scheite halten sich selbst. An beiden Enden liegen ein paar quer.

Ich bin jetzt tief im Zäpfleland. Hier bestellt man kein

Bier, hier sagt man: »Ein Zäpfle«. Manchmal sagt man noch »bitte«, je nachdem, wie vornehm das Gasthaus ist. In jedem Fall kommt eine Flasche Pils. Das Etikett aus den Sechzigerjahren zeigt ein stilisiertes Schwarzwaldmädel und sieben Tannenzapfen. Ich weiß nicht mehr, wer mir die Geschichte von den Mönchen erzählt hat. Sie hätten sich Sorgen gemacht um das leibliche Wohl der Schwarzwälder Bauern, die allzu sehr dem Kirschwasser zusprachen. Die Benediktiner von Sankt Blasien waren aber zu klug um zu glauben, mit Predigten kämen sie diesem Laster bei. Sie sorgten für eine mildere Ersatzdroge und gründeten eine Brauerei.

Ich hätte nicht fragen sollen. Dann hätte diese Geschichte ihren Zauber behalten. Thomas Schäuble, der Vorstand der Brauerei Rothaus, erklärt überaus nüchtern: »Die Geschichte mit dem Schnaps ist zwar gut erfunden, gehört aber in den Bereich der Legenden.«

Tatsächlich hat Martin Gerbert, der Abt von Sankt Blasien, 1791 in Rothaus eine Brauerei gegründet. Der gelehrte Mönch war als Fürstabt auch der weltliche Herrscher über ein großes Gebiet im Hochschwarzwald. Dieses wollte er wirtschaftlich voranbringen, außerdem gehörte eine Brauerei zu den Statussymbolen eines absolutistischen Herrschers. Von einem Kreuzzug gegen das Kirschwasser konnte keine Rede sein. »Die Brauerei hatte seinerzeit sogar ein Brennrecht«, sagt Thomas Schäuble.

Zwei Jahre nach der Gründung der Brauerei starb der Fürstabt. 1806 wurde das Kloster säkularisiert, Rothaus wurde zur Badischen Staatsbrauerei. Doch auch ihr Vorstand weiß nicht, wer die dritte Strophe des Badnerlieds umgedichtet hat. Sie preist die Grundpfeiler des Landes, ursprünglich lautete der Text:

In Rastatt ist die Festung
und das ist Badens Glück.

Wenn die Brauerei ein Fest feiert, singt man die abgewandelte Hymne, und sie zeugt dann doch von einem zivilisatorischen Fortschritt:

In Karlsruh' ist die Residenz
In Mannheim die Fabrik.
In Rothaus ist die Brauerei
Und das ist Badens Glück.

Brend

Die Sonne scheint an diesem Tag, als ob sie nach dem nassen Sommer etwas gutmachen müsste. Die Luft riecht nach Staub. Ich weiß nicht, ob ich den Schirm meiner Mütze übers Gesicht klappen soll, oder ob der Nacken dringender den Schatten braucht. Die Hose klebt an den Beinen. Sie scheint über ein unsichtbares Band mit dem Boden verbunden. Bei jedem Schritt macht es Mühe, den Oberschenkel zu heben.

Kurz vor dem Brend überhole ich ein Paar. Sie fragt ihn, ob er einen Schluck aus der Feldflasche wolle. Am Horizont locken schon die Sonnenschirme einer Wirtschaft. Man braucht nur wenig Phantasie, um goldgelbes Weizenbier leuchten zu sehen. Er sagt: »Diesen schönen Durst mach ich mir doch nicht mit Wasser kaputt.«

Für eine Rast ist es noch zu früh. Die will ich erst im Gasthaus *Raben* einlegen. Doch dort feiert eine geschlossene Gesellschaft. Kein Problem, drei Kilometer später kommt der *Hirschen*. Aber der hat Ruhetag. Bis zur *Kalten Herberge* ist auf der Karte keine Wirtschaft mehr eingezeichnet, und bis dorthin sind es noch eineinhalb Stunden. Den ganzen Tag ist mir noch kein Jogger begegnet. Dieses Zeichen habe ich auf dem Westweg zu deuten gelernt: Diese Kulturfolger treten nur im Umkreis von menschlichen Siedlungen auf. Wo sie durch den Wald rennen, ist die nächste Ortschaft höchstens drei Kilometer entfernt.

Noch kleiner ist der Biotop einer verwandten Art. Der *homo crepans* wagt sich selten mehr als zwei Kilometer von seinem Nest weg. Der klappernde Mensch wird umgangssprachlich *Nordic Walker* genannt. Bei dieser Spezies überwiegen die Weibchen. Sie sind selten allein anzutreffen, in der Regel bestehen ihre Schwärme aus zwei bis sechs Exemplaren. Charakteristisch ist ein monotones Geräusch. Das regelmäßige Klappern der merkwürdigen, nicht dem Fortkommen dienenden Stöcke wird manchmal überlagert von Verständigungslauten. Bei Straubenhardt konnte ich ein blondes Exemplar dieser Gattung beobachten. Das zwitschernde Weibchen teilte seinen Artgenossinnen mit: »Mein Mann hat sich den Wolf gelaufen.«

In einer von Freizeitmenschen verlassenen Gegend will ich keine Durststrecke riskieren. Ich entschließe mich zu einem Abstecher nach Neukirch. Der Weg führt zwar bergab, und dieses Stück muss ich später wieder bergauf gehen, aber in diesem Dorf werde ich wohl etwas zu essen finden. Selbst wenn das Schild am Straßenrand wie eine Fata Morgana wirkt. In stechender Hitze warnt es Autofahrer vor querenden Skiläufern.

Die Wirtschaft in Neukirch heißt *Zur Tanne*. Der Name ist eine hilflose Beschwörung des Schwarzwalds. Oder täuscht er mit Arglist? Die Anlage ist in den Achtzigerjahren als Sporthotel gebaut worden. Sauna, Kegelbahn, Solarium. Das schwarze Dach ist größer als bei einem Gutachtäler Bauernhof. Es breitet sich aber nicht schützend über das Haus. In dieser schrägen Fläche klaffen Loggien, genormtes Urlaubsglück, 17 Satellitenschüsseln ragen heraus. Weil der betonierte Neubau dann doch Gemütlichkeit verströmen soll, hat man rustikale Balken in die Gaststube gesetzt. Sie sind das einzige Holz in der *Tanne*.

Am Panoramafenster hängt ein gehäkelter Schmetterling. Die Fotos an den Wänden zeigen Rennfahrer in feuerfesten Overalls. Der Motorsportclub hat hier seinen Stammtisch.

Auf der Speisekarte steht Soljanka. »Das ist ne Ossi-Suppe«, erklärt die Wirtin fröhlich. Vorsichtshalber hat sie »Wurstsuppe« dahinter geschrieben. Das stimme aber auch nicht ganz: »Kühlschrank auf, alles, was drin ist, kommt rein – das ist Soljanka.«

Antje Horn stammt aus Dresden. Sie hat ein Lokal im Thüringer Wald geführt. Etliche Jahre nach der Wende suchte sie etwas Neues. Sie ließ sich dabei nicht von romantischen Vorstellungen leiten, sie betrachtete die angebotenen Objekte mit kaufmännischem Blick. Über die *Tanne* sagt sie: »Hier stimmten die Pacht, die Nebenkosten und das Umfeld.«

»Was unterscheidet den Schwarzwald umfeldmäßig vom Thüringer Wald?«

»Ooch, beide haben Berge. Aber hier gibt's die Kuckucksuhr.«

Mit sicherem Griff holt die Wirtin einen Prospekt aus dem Ständer: *Shoppen & Schlemmen an der Deutschen Uhrenstraße*.

Neu war für sie allerdings der Winter im Schwarzwald. »Wenn für Ostern schönes Wetter angesagt ist, steh ich mit der Spitzhacke vor dem Eingang und mach den Weg eisfrei.« Manchmal liege der Schnee auch bis Pfingsten. Frau Horn zeigt zur halboffenen Tür, die in den Nebenraum führt. Von dort riecht es verqualmt. »Ohne Raucherraum könnte ich hier oben zusperren. Im Winter geht keiner auf ne Zigarette vors Haus.«

Andererseits lernte die Frau aus dem Osten die Strenge des Schwarzwälder Winters zu schätzen. »Hier oben halten die Leute zusammen«, sagt Antje Horn. »Im Dorf wird Hilfsbereitschaft groß geschrieben. Hier will ich bleiben.«

In der kalten Zeit hat die Wirtin aus Sachsen eine Schwarzwälder Tradition wiederbelebt. Sie füllt die langen Winterabende mit Handarbeit. In Österreich kauft sie nackte Plastikfiguren, diese bearbeitet sie mit verschiedenen Techniken. Engel werden bemalt, Eichhörnchen beklebt, Hunde befilzt. Im Regal am Eingang stehen sie zum Verkauf.

Draußen, mit der *Tanne* im Rücken, ist der Blick großartig. Die Sonne steht schon weit im Westen. Zwischen Wäldern leuchten helle Wiesen. Auf Weiden stehen alte Buchen, einsame Bauernhöfe ragen wie Skulpturen aus der Landschaft. Die Hügel wellen sich sanft, tief eingekerbte Täler deuten an, dass ich oben bin. Ich gehe durch die Beletage eines freundlichen Gebirges.

Waldau

In der *Kalten Herberge* will ich nicht übernachten. Sie liegt an der B 500. Auf dieses graue Band ist Verlass, die Panoramastraße ist im Südschwarzwald genauso befahren wie am Mummelsee. Man hat mir die *Traube* auf der Waldau empfohlen, das seien lediglich drei Kilometer mehr. Erst geht es durch den Wald, dann tut sich eine Lichtung auf. Üppige Wiesen ziehen sich vom Waldrand in ein sanftes Tal. Einzelne Bauernhöfe geben der Landschaft einen Rhythmus. Neben Johannisbeersträuchern ist eine Wäscheleine gespannt, Hemden setzte bunte Tupfer ins große Grün. Aus einer Mulde ragt der Kirchturm, an einem Weiher saufen Kühe. Ein Bach schlängelt sich Richtung Titisee.

Dieses Idyll verdient drei Sterne. Trotzdem ist jeder Schritt mühsam. Es geht leicht bergab, aber das macht den Weg nicht weniger zäh. Ich rufe: »Ein Königreich für ein Fahrrad!«

Niemand hört. Die Schwalben fliegen weiter, die Kühe käuen wieder. Bis zum Dorf sind es vielleicht noch 500 Meter. Meine Stiefel schlurfen. Sie wirbeln Staub auf, als ob es durch die Wüste ginge. Ein Holzstoß riecht in der Hitze nach Harz. Im Weiher sehe ich mein Spiegelbild. Es zeigt den Brandenkopfblick.

Die *Traube* hat das große Dach eines Schwarzwälder Bauernhauses. Es strahlt Geborgenheit aus. Vor den weißen Sprossenfenstern leuchten rote Geranien.

»Ich hab mich gegen Wellness entschieden«, sagt der Wirt und gibt mir den Zimmerschlüssel.

Die *Traube* hat kein Schwimmbad, keinen Whirlpool und keine Erlebnisdusche mit Tropenschauer. Die Nasszelle ist klein, man hat sie nachträglich eingebaut. Das Wasser ist nicht nach der Methode Grander aufbereitet, der Brausekopf hat noch nie etwas von Philippe Starck gehört. Aber in der Plastikkabine befindet sich eine Wunderdusche. Aus ihr fließt klares Wasser. Ich stelle auf kalt, ein breiter Strahl ergießt sich verschwenderisch über die Haut und legt eine verschüttete Erfahrung frei. Nichts lenkt ab von der Erfrischung. Dieses Gefühl ist so intensiv, weil ihm eine lange Anstrengung vorausging.

Beim Abtrocknen spüre ich mich. Der Schweiß ist weg. Aber auf der Haut liegt noch die Erinnerung an die Sonne. Die

Arme haben die Wärme gespeichert. Von den Beinen kriecht befriedigende Müdigkeit in den Körper. Nichts tut weh.

In der Gaststube steht ein grüner Kachelofen. Darüber befindet sich ein Holzgestell, an dem man früher die nassen Kleider getrocknet hat. An den weißen Wänden hängt wenig. Eine Uhr und ein paar Ölbilder, das war's. Eugen Winterhalder kommt fast schüchtern an den Tisch. Er ist kein Wirt, der für seine Gäste den Unterhalter gibt. Der Mann trägt einen dünnen Vollbart, freundlich schaut er hinter seinen Brillengläsern hervor. Beim Hin und Her zwischen Küche und Gaststube hat sein blaues Polohemd Fettflecken abgekriegt. Mit zurückhaltendem Stolz erzählt er, dass die *Traube* das älteste Gasthaus in der ganzen Gegend sei. Ihre Tradition reiche zurück bis ins 16. Jahrhundert.

Winterhalder wurde 1951 geboren. Sein Vater war nicht nur Gastwirt, sondern auch Bauer. Er hielt Rinder, Pferde und Schweine, dazu betrieb er Ackerbau. So ging das bis 1978. Dann ging der Knecht in Rente. »Da haben wir die Landwirtschaft aufgegeben. So einen hätten wir nicht mehr gefunden.«

In den Sechzigerjahren machte Winterhalder eine Lehre als Koch, in einem der großen Betriebe unten am Titisee, wo der Schwarzwald-Tourismus brummte. »In den Zeiten, als es von alleine lief, sind die größten Fehler gemacht worden. Wenn sich ein Gast beschwert hat, sagte der Küchenchef: ›Wem's nicht schmeckt, der soll woanders essen.‹«

Nach der Lehre ging er in die Schweiz, er arbeitete im Engadin. Als er wieder zurückkam auf die Waldau, wusste er den Schwarzwald zu schätzen. Er empfand kein Minderwertigkeitsgefühl mehr, das Mittelgebirge war für ihn nicht länger eine mickrige Ausgabe der Alpen. Der Heimkehrer fand Gefallen am lieblichen Charakter der sanften Berge.

Die Waldau wirkt wie ein Rückzugsort. Diese Lichtung gibt eine ideale Projektionsfläche für romantische Sehnsüchte ab. Aber sie ist keine Insel der Seligen. Der Wirt kennt auch die Bedrohungsgeschichte dieses Hochtals. Die *Traube* ist dreimal abgebrannt. Beim ersten Mal fackelten die Schweden den Hof ab, 1638 wütete der Dreißigjährige Krieg bis hier herauf. 1852 passte eine Magd mit ihrer Kerze nicht auf, und schließlich schossen amerikanische Jagdflieger 1944 das große Dach in Brand. Lediglich die Wanduhr und drei Ölbilder konnten gerettet werden.

Weißtannenhöhe

Der Schwarzwald ist kein fernes Glück. Seine Gipfel sind gut zu erreichen. So bin ich den Weg von der Waldau bis hinter den Feldberg zweimal gegangen. Ich wollte wissen, ob die Sächsin aus Neukirch übertrieben hat und kam im Winter wieder. Er ließ wieder einmal lange auf sich warten, den Traum von den weißen Weihnachten erfüllte er nicht. Aber dann regierte er mit Macht.

Hinter der *Traube* schnalle ich die Ski an. An diesem Tag bin ich anscheinend der einzige, der sich in den Schnee wagt. Die Lichtung liegt in dichtem Nebel. Als das Gasthaus hinter mir verschwunden ist, bin ich im Niemandsland. Der Weiher, aus dem die Kühe getrunken haben, ist weg. An den Weidbuchen kann ich mich nicht mehr orientieren. Es gibt nur noch zwei stumpfe Farben, Grau und Weiß gehen in einander über. Weiter kann man die Welt nicht reduzieren.

Wie hoch liegt der Schnee? Kein Zaunpfosten ragt aus der

weichen Decke, kein Weg ist zu erkennen. Eine dreiviertels verwehte Loipe ist die einzige Spur, an der ich mich orientieren kann. Laut Karte müsste ich bald zum Waldrand kommen. Dort sollte ich auf den Fernskiwanderweg stoßen. Der führt von Schonach zum Belchen, ist 100 Kilometer lang und folgt der Route des Westwegs. Es heißt, er sei mit orangefarbenen Schildern markiert.

Nach zehn Minuten hat mich der Winter mit Haut und Haar geschluckt. Ich bin allein auf der Welt. Der Schwarzwald ist eins geworden mit dem Norden. Laufe ich am Polarkreis, durchquere ich Grönland? Sämtliche Koordinaten scheinen gelöscht. Hinterzarten ist so unerreichbar wie die Lofoten, der Feldberg liegt nicht näher als der Galdhöppigen.

Die Waldau ist jetzt Terra incognita. Keine Kuhglocke bimmelt, kein Vogel krächzt. Noch nicht einmal ein Auto ist zu hören. Irgendwo bellt ein Hund. Der muss zur Expedition gehören. Unter widrigen Bedingungen bricht Amundsen zum Südpol auf.

Meine Skistöcke graben sich lautlos in den Schnee. Die Stille wirkt bedrohlich. Auf der Hardangervidda hätte ich wohl die Panik bekommen. Im Schwarzwald halte ich mich, aber mühsam. Hier bin ich doch unter stechender Sonne über die Wiese gewandert. Gleich muss der Wald kommen. Nach einer Viertelstunde spreche ich mir gut zu: Im schlimmsten Fall ist die verwehte Spur eine Rundloipe und führt mich zurück ins Dorf. Ich kann nicht verloren gehen.

Der Rucksack ist schwerer als im Sommer. Statt einer Wasserflasche aus Plastik habe ich eine Thermoskanne aus Stahl eingepackt. Ich habe dreimal so viele Brote geschmiert und so viele Riegel mitgenommen, dass ich auch den Ruhetag einer Hütte überstehen würde. Um Gewicht zu sparen, habe ich mich gegen ein zweites Paar Schuhe entschieden. Für den Abend müssen Hüttenschlappen reichen.

So lange ich mich bewege, ist es nicht kalt. Knapp unter null Grad, schätzte ich. Gegen schlimmere Temperaturen bin ich gewappnet. Ein dickes Paar Überhandschuhe befindet sich im Rucksack. Die Kapuze des Anoraks kann ich über die Mütze ziehen, dann ist von meinem Gesicht nur noch ein kleines Oval um Augen und Nase dem Wind ausgesetzt. Diese Reserve beruhigt. Ich bewege mich in einer Schutzhülle, von den Zehen bis zum Zeigefinger ist alles warm. Nur der Rucksack fühlt sich an wie ein Fremdkörper. Sein Gewicht macht es schwierig, im weichen Schnee das Gleichgewicht zu halten.

Endlich kommt die dunkle Wand. Die hohen Stämme der Fichten stehen wie ein Palisadenzaun. Sie bringen Form in das Nichts. Die Konturen führen mich zurück ins Vertraute. Bald stoße ich auf eine ordentlich gespurte Loipe. Ich weiß, dass ich mich links halten muss. Dann hängt das erste Schild an einem Baum, es ist gelb.

Im Nebel bin ich gestapft. Tastend habe ich mich durch die graue Feuchtigkeit bewegt. Jetzt kann ich gleiten. Die Ski laufen weich, ich komme in einen Rhythmus. Kein Hindernis stört in der Spur. Doppelstockschub. Aber nicht zu schnell werden. Nicht ins Schwitzen kommen. Wer weiß, was dieser Wintertag noch bringt. Die Reise durch den Schnee braucht eine widersprüchliche Herangehensweise. Dem Wagnis steht die Umsicht gegenüber. Ich lasse mich ein aufs Ungewisse, aber ich gehe kontrolliert.

Rechts tasten sich zwei Scheinwerfer vorwärts. Sie leuchten unter mir in einem Hohlweg. Die Schneewände auf beiden Seiten reichen bis über das Dach des Autos, das herangekrochen kommt. Schneeketten rasseln. Das muss die B 500 sein. Unvorstellbar, dass auf dieser Straße im Herbst Autos mit Tempo 100 gefahren sind. Jetzt wühlt dort ein Maulwurf.

Der Winter macht aus dem Schwarzwald ein anderes Land. Er bringt die Ordnung wunderbar durcheinander. Das Leben bekommt eine andere Geschwindigkeit. Es wird so langsam, dass der Mensch wieder mitkommt. Die Möglichkeiten reduzieren sich. Man kann einen Tag nicht mehr mit tausend Vorhaben vollstopfen. Man ist froh, wenn man von Furtwangen nach Hinterzarten kommt, ohne unterwegs stecken zu bleiben.

Am Thurner taucht ein niedriges Blockhaus auf. Auf dem Dach liegt der Schnee wie eine dicke Matratze, an der Regenrinne hängen Eiszapfen. Das muss das Langläuferzentrum sein. »Heiße Getränke auch an Nichtmitglieder«, verspricht ein Schild. Ein anderes hängt als blöder Witz unter dem tief gezogenen Vordach: »Saas Fee 103 Stunden«.

Nur ein Paar Ski lehnt an der Hütte. Ich bin nicht sicher, ob das mit dem heißen Tee auch heute gilt. Eigentlich brauche ich noch keine Rast. Aber im Winter lässt man solch eine Möglichkeit nicht leichtfertig aus. Wer weiß, wann die nächste kommt.

Als ich durch die Tür trete, beschlägt meine Brille. Handschuhe ausziehen, Mütze runter, Reißverschluss auf. Das Gesicht glüht, die vereisten Koteletten tauen auf. Es ist eine archaische Erfahrung: zu spüren, was Wärme bedeutet. Sie geht in die Beine, bald ist auch die Nasenspitze wieder warm, an der vorhin ein kleiner Eiszapfen baumelte. Es braucht diesen Kontrast: Nur wer durch die Kälte ging, kennt das Glück der Wärme.

Aus Früchtetee mache ich mir normalerweise nicht viel, der schmeckt nach Gemeindefest. Hier genieße ich jeden Schluck. Ich nehme viel Zucker und dampfe vor mich hin.

Der Wirt schaut anerkennend. Er ist freundlich, aber mir ist nicht nach einem Gespräch. Ich bewege mich auf dem Planeten Winter, und ich will ihn für mich allein. Am Fenster funkeln Eisblumen, der alte Mann versteht mich wortlos.

Das ist schön im Schwarzwald: Man muss nicht reden, wenn man nicht will.

Nach der Pause friere ich erbärmlich. Die Spur führt leicht bergan, ich schiebe die Ski energisch durch den Schnee, um wieder warm zu werden. Als die Loipe den Wald verlässt, ist alles wieder gut. Arme und Beine bewegen sich fließend, als ob sie ewig so weitermachen könnten, 100 Stunden bis Saas Fee. Ich gleite schwerelos durch den Winter. Die Senke dort hinten, war das der Tümpel, aus dem im Herbst dicke Karpfen geschnappt haben? Liegt unter mir die Weide mit der lässigen Ziege? Sie hat ihre Vorderläufe entspannt über den Zaun baumeln lassen; was macht sie jetzt?

Die Angst des Anfangs ist verflogen. Ich fühle mich dem Winter gewachsen. Zum ersten Mal wirkt der Schwarzwald wie Neuland. Ich bin der Held, von dem ich früher geträumt habe. Amundsen kämpft sich vorwärts, unaufhaltsam bis zum Pol. Die Gletscherspalten sind glücklich überstanden, das Depot 88 Grad Süd liegt hinter ihm. Keine Erfrierungen an den Zehen. Noch heute wird er die Flagge mit dem Kreuz Norwegens in den Schnee pflanzen und seinen Gefährten die Hand geben.

Das ist natürlich Quatsch. Ich laufe ja nicht durch unbekanntes Land. Es gibt eine Spur, der ich folgen kann. Sähe ich keine gelben Schilder mehr, geriete die heroische Expedition arg ins Stocken. Trotzdem schmeckt dieses Hochgefühl herrlich. Immerhin ist etwas Wahres dran: Außer mir wagt sich heute keiner hinaus. Ich habe die Bequemlichkeitsgrenze überschritten.

An der Weißtannenhöhe taucht ein Hexenhäuschen auf. Ich setze mich in die Schutzhütte und pule mit klammen Fingern getrocknete Aprikosen aus der Tüte. Jetzt habe ich den höchsten Punkt der heutigen Etappe erreicht. Die Welt hat sich verkrochen, 1190 Meter über dem Meer fühle ich mich geborgen im weichen Winter. Gemächlich fängt es an zu schneien, sachte schweben Flocken vom Himmel. Ich strecke meinen schwarzen Handschuh aus und lasse eine landen. Da liegt ein Traum von einem Stern. Für einen Moment kann ich sehen, wie filigran verästelt er ist. Dann schmilzt der Kristall.

Deshalb liebe ich den Winter, aber das weißt du ja. Weil er leben lehrt. Er zeigt die Herrlichkeit des Augenblicks. Ich kann den Schnee nicht konservieren. Wer nicht erlebt, wie der Kristall fällt, kommt zu spät. Morgen taut die Pracht.

Mit einem Jauchzer, der mir in Gesellschaft peinlich wäre, gleite ich durch den Neuschnee. Bis Hinterzarten geht es fast nur noch bergab. Jetzt nervt der Rucksack. Er verlagert den Schwerpunkt des Körpers elend weit nach oben, ich stehe unsicher auf dem Ski. An einem steilen Stück mache ich prompt den Adler. Der Sturz ist so unnötig wie ein Kropf, die Stelle ist nicht zu schwierig für mich. Ich stürze, weil ich Angst hatte vor dem Sturz. Aber ich falle weich. Und niemand sieht es. Es ist ein verrücktes Vergnügen, im tiefen Schnee zu liegen, gebettet in federleichten Flaum. Das Glück der Kindheit kehrt zurück.

Schwierig ist nur, wieder auf die Beine zu kommen. Die Stöcke sind im Weg, die Ski zu lang, der Rucksack zieht nach hinten. Ich kämpfe wie in einem Slapstick. Dann putze ich den Schnee von den Hosenbeinen. Er darf nicht in die Schuhe geraten. Wenn die Füße einmal kalt sind, bekomme ich sie nicht wieder warm. Dieses Abenteuer hat ein doppeltes Gesicht. Das eine ist wild, das andere trägt kontrollierte Züge.

Jetzt wird das Schneetreiben dichter. Über den kurzen Gegenanstieg bin ich nicht undankbar, er bremst. Irgendwann fahre ich zwischen zwei Geländern. Sie führen in einer weiten Spirale abwärts. Das muss die Fußgängerbrücke sein, die über die Bundesstraße führt. Dann taucht das erste Licht auf. Es schneidet ein helles Viereck aus dem Dunkel. Das muss ein Fenster sein. Ich glaube, Wärme zu spüren. Als ich den Zwiebelturm der Kirche von Hinterzarten sehe, recke ich eine Faust in den Himmel.

Amundsen telegrafiert: Pol erreicht. Alle wohlauf.

Süd

Hinterzarten

Am Abend gehe ich zum Hugenhof. In diesem Bauernhaus aus dem 18. Jahrhundert befindet sich das Schwarzwälder Skimuseum. Die Ausstellung hat längst geschlossen, aber Georg Thoma wartet pünktlich unter dem großen Walmdach. »Ich hab den Schlüssel«, hat er gesagt, als wir uns am Telefon verabredet haben. Ich wollte ihm meine Handynummer geben, falls bei ihm etwas dazwischen käme, aber das lehnte er ab: »Wenn ich sag, ich komm, dann komm ich.«

Vor mir steht ein drahtiger Mann, der sich behände bewegt. Er ist klein und hat im Wohlstand keinen Speck angesetzt. Sein weißes Haar rahmt ein Gesicht, das von Askese erzählt, aber auch vom Genuss. Das Leben hat feine Falten um die blauen Augen gezeichnet, und Thoma unternimmt keinen Versuch, diese zu verstecken. Dieser Mann kann einem die Angst vor dem Altwerden nehmen.

Georg Thoma wurde 1937 in Hinterzarten geboren. Er war das zweite von sieben Kindern und wuchs in einem Tagelöhnerhaus auf. Der Vater musste in den Krieg.

»Der Brotkorb hing arg hoch«, sagt Thoma trocken. Mit acht Jahren musste der Bub aus dem Haus. Er kam als Hütejunge auf einen Bauernhof am Feldberg. Dort war er für vier

Kühe, zwei Schweine und ein paar Geißen verantwortlich. Er musste melken und Butter machen, dafür bekam er beim Wunderlebauer Kost und Logis. »Heute würde man das Kinderarbeit nennen, damals war's normal.« Thoma sagt das als Feststellung, es schwingt keine Anklage mit. Er erzählt keine Geschichte aus dem 19. Jahrhundert, er spricht von 1945.

Den ganzen Sommer ging der Hirtenbub barfuß. In meinem Kopf setzt sich das Bild eines robusten Naturburschen zusammen, aber Thoma korrigiert es rasch: »Ich hatte oft kalte Füße. Wenn die Kuh einen Fladen fallen ließ, hab ich mich hineingestellt. Das hat gewärmt.«

Im Winter versorgte er morgens den Stall. Um sechs Uhr schnallte er ein Paar alte Ski an und machte sich auf den Schulweg. Der war zwölf Kilometer lang. Der Hirtenjunge hat anscheinend nicht gehadert, er hat den Weg als Abenteuer empfunden. Der Winterwald war sein Spielplatz: »Unterwegs bin ich über alle Hindernisse gesprungen, die ich gefunden hab.«

Im letzten Skiurlaub habe ich einen Jungen gesehen, der etwa so alt war wie Thoma damals. Er trug einen Helm und fuhr hinter seinem Privatskilehrer her. Nach einem harmlosen Sturz mühte sich das Kind halbherzig, wieder in die Sicherheitsbindung zu kommen.

»Du hast Schnee unter dem Schuh«, sagte der Skilehrer.

»Ich bin es gewohnt, dass man mir den abmacht«, sagte das Kind.

Vom Gesicht des Skilehrers sah ich wenig, auch er trug einen Helm, dazu eine Skibrille. Aber um den Mund war zu erkennen, wie er mit sich kämpfte, bis ihm eine Lösung einfiel.

»Das ist bei uns auch so«, sagte er, »aber der, der das immer macht, hat heute frei.«

Georg Thoma lernte das Skifahren etwa so, wie Kenianer

den Langstreckenlauf lernen. Er entwickelte ein Gefühl für den Schnee. Er jammerte nicht über den Wind, weil das nichts genutzt hätte. Er lernte zu stürzen, ohne sich die Knochen zu brechen. Er entdeckte die Faszination, als erster eine Spur durch den Wald zu ziehen.

1960 durfte Thoma nach Amerika. Bei den Olympischen Winterspielen in Squaw Valley ging er in der Nordischen Kombination an den Start. Wer diese Disziplin beherrschen will, muss zwei gegensätzliche Typen in einer Person vereinigen: den unbekümmerten Skispringer und den zäh kämpfenden Langläufer.

Thoma wurde Olympiasieger. Zum ersten Mal schlug ein Mitteleuropäer die Skandinavier in dem Sport, den sie erfunden hatten. Und dann auch noch einer, der nur 1,65 Meter groß war. Der Schwarzwälder musste in Kalifornien seine erste Pressekonferenz geben. Er wurde gefragt, ob er eine besondere Technik hätte.

»Ich wüsst jetzt net«, sagte er, »das kann nur mit meiner Zeit als Hirtenbub zusammenhängen. Ich hatte nie ein Problem mit dem Schnee. Und ich musste nie schnaufen.«

Beim Springen hatte er kein Problem mit dem Wind, »wir hatten nämlich kein Windrad.«

Das amerikanische Fernsehen wollte vom Olympiasieger etwas über seine Heimat wissen. Georg Thoma erklärte den Schwarzwald so: »Dieses Gebirge ist nicht groß. Aber auf engstem Raum gibt es alles: Schnee wie in den Alpen und Wein wie am Mittelmeer.«

Im Skimuseum zeigt Thoma sein liebstes Erinnerungsstück. An der Stange über dem Kachelofen hängt ein Paar Handschuhe. Sie sind weiß, tragen weder drei Streifen noch sonst irgendein Markenzeichen. Seine Großmutter hat sie aus

Wolle gestrickt. Mit diesen Handschuhen hat er die Goldmedaille gewonnen.

Ein paar Räume weiter hängt die lila Kappe von Martin Schmitt. Der wurde 40 Jahre später zu einem deutschen Idol. Ich habe ihn erlebt, als der Hype am höchsten schlug. Es war gut, dass der Schwarzwald diesen Sportler geprägt hat. Er war erst 20 Jahre alt, aber er wirkte wie ein Mensch, der in sich ruht. Wenn er auf dem Schanzenturm stand, machte er keine große Sache daraus. Er brauchte keinen Talisman, er bekreuzigte sich auch nicht vor dem Sprung. Er sagte: »Ich guck halt a bissle rum.«

Hinterzarten war ein Fixpunkt in seinem Leben. Hier bereitete er sich mit Krafttraining auf den Winter vor, hier spielten die Skispringer Volleyball gegen die örtliche Polizei. Schulkinder luscherten durch den Vorhang der Turnhalle, der Trainer sagte: »Schwätz net, beweg dich!«

Sven Hannawald profitierte noch mehr von der unaufgeregten Art der Schwarzwälder. Mit 17 Jahren kam er aus Ostdeutschland nach Hinterzarten. Weil andere weiter sprangen, hungerte er sich neun Kilo ab. Er war 1,84 Meter groß, und als er noch 61 Kilo wog, machte der Trainer ihm klar, dass die Grenze zur Magersucht erreicht war. Die Wirtin vom *Café Faller* gab die Ersatzmutter. Sie versuchte es mit Kirschtorte.

Dank der beiden Idole erlebte Hinterzarten eine verblüffende Renaissance. Der Ort hatte mit der Entwicklung des Wintersports nicht Schritt gehalten, die Adlerschanze war längst zu klein für die besten Skispringer. Aber für einen Wettbewerb ohne Schnee reichte es. Die Popstars des Winters kamen im Sommer zum Mattenspringen, und die Fans kamen auch. Für ein Wochenende sank der Altersdurchschnitt im Kurort dramatisch. Unter 20 000 Zuschauern herrschte

Frauenüberschuss. Ein Mädchen mit Zahnspange schwenkte die Deutschlandfahne und erzählte treuherzig: »Mein Freund übernachtet nicht gern bei mir, weil in meinem Zimmer so viele Poster von Hanni hängen.« Es regnete, ein Groupie hielt tapfer sein Plakat hoch: *Martin, ich will ein Kind von dir!*

Im Gegensatz zu den Überfliegern im Gebläse von RTL ist Georg Thoma durch den Sport nicht reich geworden. Er wollte eine Lehre als Zimmermann machen, doch der Meister sagte, er sei zu klein. Thoma wurde Briefträger. Bei der Post bekam er zwei Extrawürste. Er durfte frei nehmen für die Trainingslager in Skandinavien. Und er musste nicht in Hinterzarten arbeiten, er bekam wie gewünscht seinen Bezirk auf dem Land. Dort waren die Wege weiter, aber das war Thoma egal.

»Im Dorf haben mich die Kurgäste angeschaut. Da kam ich mir vor wie ein Tier im Zoo. Wissen Sie, ich bin im Wald aufgewachsen, nicht bei den Menschen.«

Als Olympiasieger wog Thoma 64 Kilo. Als er seine Laufbahn beendete und kein Krafttraining mehr fürs Springen machen musste, nahm er sechs Kilo ab. Jetzt ging er nur noch bei den Skimarathons an den Start, im Engadin und beim Wasalauf. Dreimal gewann er den Schwarzwälder Rucksacklauf. Der führt von Schonach zum Belchen, einen Teil der Strecke bin ich heute gelaufen. 1981 stellte Thoma eine Bestzeit auf: Er legte die 100 Kilometer in 5:51 Stunden zurück. Dieser Rekord hat bis heute Bestand.

In der Woche vor dem Rennen besichtigte er die Strecke. An schwierigen Stellen steckte er Tannenreis in den Schnee, um bei den Abfahrten die Ideallinie zu finden. Der Schwarzwälder führte ein Ferngespräch in die Schweiz. Beim Institut für Lawinenforschung fragte er, wie am Sonntag das Wetter würde. Stundenlang präparierte er die Ski, mit der Lötlampe brannte er drei Schichten Wachs ein.

Der Langläufer hat ein Gefühl für den Schnee. Er kennt den Sulz und den Firn, er kennt Harsch und Eis. Er weiß, wie mühsam Neuschnee ist, wenn man als Erster laufen muss. Nach zwei Tagen Ostwind wird das Bremsen schwierig.

Für jede Art von Schnee gibt es ein Mittel. Aber nur die wenigsten wissen, welches das richtige ist. Es gibt rotes Hartwachs, gelbes Hartwachs, grünes Hartwachs. Der Klister klebt nicht nur an den Ski, sondern überall: an Fingern und Handschuhen, an Hose und Anorak. Es gibt violetten Klister, roten Klister, und es gibt Rot-Spezial. Wenn es warm wird, sieht ein Langläufer mit blau alt aus.

Georg Thoma kennt den Winter im Schwarzwald als launischen Gesellen. Mal spielt er sich auf wie ein Tyrann, der alles in seiner Gewalt hat. Im nächsten Jahr zeigt sich ein Schwächling, der von Weihnachten bis Ostern eine erbärmliche Figur abgibt.

Der Skifahrer führt Buch über den Winter. In manchen Jahren musste der Rucksacklauf verschoben oder ganz abgesagt werden. Aber auch in Zeiten, als noch niemand vom Klimawandel sprach, war der Schnee keine verlässliche Größe. Thomas' Vater war Skilehrer. Er hat von Wintern erzählt, in denen er nur zwei Wochen Skikurs geben konnte, oben am Feldberg.

Als Georg Thoma Olympiasieger wurde, baute der Österreicher Franz Kneissl die ersten Kunststoffski. Jetzt verloren die Schwarzwälder Hersteller den Anschluss. Umso mehr ist Thoma stolz auf eine alte Postkarte im Museum. Sie zeigt den ersten Skilift der Welt. Robert Winterhalter, der Wirt des *Schneckenhofs* in Schollach, hat ihn erfunden. Er nutzte bereits

1908 die Wasserkraft seiner Mühle, um einen Schlepplift anzutreiben. Bei der *Internationalen Wintersportausstellung* in Triberg bekam er 1910 die Goldmedaille. Der Schneckenwirt ahnte nicht, wie gründlich seine Erfindung das Tempo des Winters verändern sollte.

Georg Thoma gehört nicht zu den Puristen, die sich der Entwicklung verweigern. Bei wechselhaften Schneeverhältnissen läuft er gerne mit Schuppenski, die man nicht verwachsen kann, weil man sie gar nicht wachsen muss. Doch in anderer Hinsicht hadert er mit den gewandelten Gewohnheiten der Langläufer: »Die Leute meinen, sie müssten so viel reden. Aber im Wald ist man still.«

Er wehrt sich auf seine Weise: »Wenn es mir zu viel wird, zieh ich halt das Tempo an.«

Feldberg

Am nächsten Morgen nimmt mein Körper die Sache in die Hand. Er frühstückt, als ob es das letzte Mal sei. Staunend sehe ich, wie er eigenmächtig einen Schutzschild gegen die Kälte baut. Er isst Spiegeleier mit gebratenem Speck, das Fett tunkt er gierig mit Brot auf. So wappnet er sich gegen das Ungewisse.

Der Skikeller ist warm. Die Vorstellung, einen Tag in dieser stickigen Luft verbringen zu müssen, ist grauenhaft. Aber mir steht ein Wintertag bevor. Da wirkt der mollige Mief verlockend. Ich schnüre die Skistiefel sorgfältiger als mancher Chirurg am Operationstisch hantiert. Sitzt die Zunge in der Mitte, oder scheuert sie? Den Klettverschluss ziehe ich zweimal nach. Vorsichtshalber streife ich die Regenhülle über den

Rucksack. Gründlich reibe ich Wachs mit einem Korken in den Belag. Dann findet sich kein weiterer Vorwand mehr, den Aufbruch hinauszuzögern. Vor mir liegt der höchste Berg des Schwarzwalds.

Über dem Dorf hängt eine graue Glocke. Die Adlerschanze, der Stolz von Hinterzarten, ist weg. Im Osten reißt eine Lücke auf, flüchtig sehe ich ein schmales Stück Himmel, es steht hochkant. Ein Kurgast strebt zum Andenkenladen. Die Frau hat Spikes unter ihre Winterstiefel geschnallt und den Lodenmantel mit einem Wollschal abgedichtet. Je näher ich dem Ortsrand komme, desto begehrenswerter wirkt Hinterzarten. Meine Überheblichkeit schmilzt. Das Café für den gesetzten Mercedesfahrer wirkt plötzlich einladend, der Kurort wird zum Inbegriff der Geborgenheit.

Heute bin ich nicht allein im Schnee. Am Parkplatz rüsten sich Langläufer. Er ist ein Ort des Übergangs. Hier endet die Zivilisation, hier beginnt die Natur. Im Sommer, wenn sich Familien zum Wandern fertig machen, liegt meist eine gereizte Anspannung über dem Parkplatz. Im Winter spielen sich an der Grenze zur Wildnis Dramen ab.

Eine Mutter keift ihr Kind an: »Mach den Reißverschluss ordentlich zu und setz die Mütze auf!«

Ein Mann, der seiner Frau gerade die Ski vom Autodach geholt hat, ist nach ein paar Schritten mit den Nerven am Ende: »Was kann ich dafür, dass es bei dir stollt?«

Das Tal wird eng. Der Nebel hat den Feldberg geschluckt. Laut Karte müsste bald der Aufstieg beginnen, 15 Kilometer am Stück. Wie steil wird es? Wo muss ich im V-Schritt grätschen? Wann rast der Puls?

Die Wolke schluckt gnädig alle Fragen. Die Unwissenheit schützt vor dem Verzagen. Ich sehe nicht, wie unerbittlich sich der Anstieg in die Länge zieht. Ich kann nur einen Schritt nach dem andern machen. Setze den Stock rechts, setze den Stock links. Trete energisch, wenn die Ski zurückrutschen wollen. Spüre, dass es flacher wird. Ist das schon der Rufenholzplatz? Dort soll ein ebenes Stück zur Erholung kommen.

Irgendwo linksab im Wald liegt der Wunderlehof. Dort hat der Schulweg des acht Jahre alten Georg Thoma begonnen und geendet. Kein Wunder, dass der nach einer Weile nicht mehr ins Schnaufen kam. Ich bin jetzt anderthalb Stunden unterwegs und gebe eine prima Figur ab für einen Horrorfilm: Nichts ist zu sehen im Nebel, man hört nur eine unsichtbare Gestalt heftig keuchen.

Dann ein dumpfer Schlag. Instinktiv ziehe ich das Genick ein, aber es nutzt nichts. Schon rinnt es nass den Rücken hinunter. Über mir hat ein Ast Schnee abgeworfen. Er hat die stumpfe Farbe von Niveacreme. Am Rinken sehe ich nur noch weiß. Selbst die gelben Schilder wirken blass.

Die Spur führt in einen dunklen Gang. Die Bäume stehen dicht, der Wald wirkt ernst. Die Stirnseiten der Scheite in einem Holzstoß sind schwarz, über dunklen Stämmen schließen sich die Baumkronen zu einem Tunnel. Das ist kein schütterer Laubwald mit kahlen Ästen. Die Tannen zeigen die Kraft der Beständigkeit, ihre dichten Zweige sind Unterlagen für dicke Kissen. Alles ist weiß verhängt, und trotzdem ist es dunkel. Ich stapfe um eine Kurve, und plötzlich hört der Wald auf.

Es geht ins Offene. Vor mir liegt freies Land. Kein Kulissenwechsel kann im Theater je so intensiv wirken. Ich bin kein Zuschauer, ich bin mitten in der Szene. Zwei Stunden bin ich durch die Dunkelheit bergauf gelaufen. Ich habe nicht gemerkt, wie der Wind Keile in die Wolken getrieben hat.

Jetzt wirkt das Licht wie eine Explosion. Der Feldberg gleißt strahlend hell. Seine weiten Hänge glänzen wie Satin, im Schnee glitzern silberne Pailletten. Der Himmel blendet, blaues Licht strahlt unerschöpflich. Ich gehe in eine makellose Welt.

Auch im Schwarzwald ist der höchste Berg nicht der schönste. Im Herbst hat die kahle Kuppe des Feldbergs ernüchternd gewirkt, nasse Zäune und grauer Stein haben das Bild bestimmt. Doch jetzt ist ein weißes Tuch über diese schäbige Unterlage gespannt. Die plumpen Türme sind glitzernd verkleidet. Selbst die Bergstation des Sessellifts wirkt attraktiv, das dürre Blechdach zeigt üppige Rundungen. Am Seebuck hängt eine Wächte dramatisch über dem Abgrund. Wie eine Welle, die jeden Moment brechen kann.

Der Wind hat dem Schnee geholfen. Gemeinsam haben sie die Fichten verhängt. Aus einem Brunnentrog haben sie eine Skulptur geformt. Die dünnen Linien der Wettertannen haben sie in bizarre Flächen verwandelt. Die nackten Äste der Ebereschen sind fein glasiert, Birken mit hauchdünnen Eisnadeln besetzt.

Jetzt schläft der Wind. Ich kremple die Ärmel hoch und laufe mit nackten Unterarmen. Schnee und Sonne haben einen menschenfreundlichen Pakt geschlossen. Es ist frostig und heiß, warm und frisch, klar und mild. Schwerelos gleite ich über den höchsten Gipfel des Schwarzwalds. Im Süden leuchten die Alpen am Horizont.

Die Wilhelmer Hütte ist mit dem Berg verschmolzen. Das Dach ist meterdick verweht, es geht nahtlos in den weißen Hang über. Kinder jauchzen beim Rodeln. Ein kleiner Hund rennt hinter dem Schlitten her, dass der Schnee unter den Pfoten stiebt.

Am Stübenwasen sitzt ein junger Schwarzwälder im Gasthaus. Als er die Mütze abnimmt, zeigt sich an seinem Kopf eine scharfe Linie. Oberhalb ist die Stirn weiß, das Gesicht darunter ist tief gebräunt. Im Sommer arbeitet er als Zimmermann, im Winter reitet er den »Kriegselefanten«. Die rote Pistenraupe parkt vor der Hütte. Sie hat 360 PS, mit ihr zieht der Loipenwart die Spur für die Langläufer. Durch die zwei Meter hohen Schneewehen hat er es erst im dritten Anlauf geschafft.

Der weiße Wunderwald ist wie aus dem Alltag herausgeschnitten. Der Krieger mit dem großen Elefanten erzählt von einer Familie, die er heute Morgen getroffen hat. Mit Kind und Kegel zertrampelte sie seine frisch gespurte Loipe.

»Ich bin berechtigt, solche Leute zu verweisen«, sagt er versonnen, »aber dieser Tag ist viel zu schön, um mich zu ärgern.«

Die Wirtin erklärt den Gästen am Nebentisch, was eine Flädlessuppe sei. Rinderbrühe mit Pfannkuchen, in schmale Streifen geschnitten. »Nai, die Pfannekueche sin nit süß.« Die Berliner nehmen trotzdem die Gulaschsuppe.

Ich fahre über offene Kuppen, sehe im Tal unter mir einen Kirchturm. Die Landschaft bietet ein Meisterstück der Abwechslung. Die hellen Wiesen sind weit, die Wälder still. Die Ski werden schnell, ich gehe in die Abfahrtshocke, die Kurven sind reiner Genuss.

Das Skifahren ist eleganter als das Wandern. Die Bewegungen sind rund, das Gleiten fühlt sich an wie die Vorstufe des Schwebens. Kein Stein stört, kein Stiefel stolpert über eine Wurzel. Die Welt wirkt wie ein Seidenkissen. Schnee ist der Rohstoff der Träume.

Erinnerst du dich, wie wir auf der Wildspitze über das Gipfelglück räsoniert haben? Am schönsten sei es vorher oder hinterher, hast du gesagt. Wenn man sich auf die Tour freut, wenn man sich den Berg ausmalt, entwirft die Sehnsucht ein Ideal. Oben ist es dann oft windig, sodass man nicht lang in der Kälte bleibt. Erst beim Abstieg wird das Erlebnis wieder intensiv. Mit jedem Meter, den man sich vom Gipfel entfernt, wirkt er begehrlicher. Im Tal verklärt sich der Berg dann zum perfekten Ort.

Ich muss dir recht geben: Der Moment am Gipfelkreuz hält den Erwartungen selten stand.

Aber im Schnee auf dem Feldberg habe ich das Glück getroffen. Ich musste es nicht herbeisehnen. Es war auch keine wehmütige Erinnerung. Ich war mitten drin, und ich merkte es. Der Polarhimmel bekam einen warmen Saum, er war durchsichtig rot. Ich konnte es kaum glauben, aber im Schnee leuchtete die blaue Blume.

Todtnauberg

Im Süden geht es hinunter nach Todtnauberg. Hoch über dem Dorf liegt eine kleine Hütte am Waldrand. Ein kurzer Kamin ragt aus dem verschneiten Dach, das sich an der Rückseite bis zum Hang hinunter zieht. Das Haus scheint eins mit dem Berg. Die Wände sind mit hellen Schindeln verkleidet, die grünen Klappläden geschlossen. Hier hat der Philosoph die Ski angeschnallt.

Elfriede Heidegger ließ 1922 von einem Bauern aus Todtnauberg diese Hütte bauen. Sobald ihr Mann aus Freiburg wegkonnte, zog er sich hierherauf zurück. Am Waldrand, mit Blick über ein offenes Hochtal, schrieb Martin Heidegger seine wichtigsten Werke.

Er pries die schöpferische Landschaft rund um den kleinen Holzwürfel am Hang: »Meine ganze Arbeit ist von der Welt dieser Berge und Bauern getragen und geführt.« In seiner Hütte erlebte er eine geheimnisvolle Produktivität: »Ich werde einfach in die Eigenschwingung der Arbeit versetzt und bin ihres verborgenen Gesetzes im Grunde nicht mächtig.«

Die Welt der Bergbauern gab Heideggers Denken die Anschauung. Im Winter fuhr er Ski, im Sommer wanderte er. Der Weg wurde in seinem Werk zu einer wichtigen Metapher. Ihn interessierten die Holzwege, die scheinbar sicher durch den Wald führen, aber dann »jäh im Unbegangenen aufhören«.

Ein paar Schritte neben der Hütte steht ein Brunnen. Heidegger dichtete:

Wälder lagern
Bäche stürzen
Felsen dauern
Regen rinnt.
Fluren warten
Brunnen quellen
Winde wohnen
Segen sinnt.

1930 erhielt der Professor einen Ruf nach Berlin, 1933 folgte ein zweiter. Er musste entscheiden. Es reizte ihn, aus dem kleinen Freiburg ins Zentrum des Deutschen Reichs zu gehen. Später schilderte Heidegger in einem Vortrag, wie ein Gespräch mit einem alten Bauern seine Entscheidung beeinflusste:

> Bei einer solchen Gelegenheit ziehe ich mich aus der Stadt auf die Hütte zurück. Ich höre, was die Berge und die Wälder und die Bauernhöfe sagen. Ich komme dabei zu meinem alten Freund, einem 75jährigen Bauern. Er hat von dem Berliner

> Ruf in der Zeitung gelesen. Was wird er sagen? Er schiebt langsam den sicheren Blick seiner klaren Augen in den meinen, hält den Mund straff geschlossen, legt mir seine treubedächtige Hand auf die Schulter und – schüttelt kaum merklich den Kopf. Das will sagen: unerbittlich *Nein*!

Seine Frau Elfriede ging die Sache praktisch an. Sie verhandelte mit der badischen Regierung: Wenn ihr Mann das Angebot aus Berlin ausschlüge, bekämen sie als Ausgleich eine Leitung für elektrischen Strom zur Hütte gelegt. So geschah es.

Trotz künstlichen Lichts machte der Philosoph unter dem niedrigen Dach archaische Erfahrungen: »Es ist schon tiefe Nacht – der Sturm fegt über die Höhen, in der Hütte knarren die Balken, das Leben liegt rein, einfach und groß vor der Seele.«

Die Anschauung der Natur schützte den Denker allerdings nicht vor Irrwegen. Heidegger übertrug romantische Vorstellungen in die Politik. Er stilisierte den Freikorpskämpfer Albert Schlageter zum Märtyrer. Pathetisch verherrlichte er ihn als Helden, der seinem Schicksal nicht ausgewichen sei, »um den schwersten und größten Tod harten Willens und klaren Herzens zu sterben«. 1933 wurde Heidegger Rektor der Universität Freiburg. Er trat aus Überzeugung der NSDAP bei. In seiner berüchtigten Rektoratsrede schwärmte er von der »Größe und Herrlichkeit dieses Aufbruchs«. Der Philosoph trat auf wie ein metaphysischer Stoßtruppführer. Im Sommer 1933 hielt er in Todtnauberg ein Ferienlager, dort erläuterte er den Freiburger Dozenten die »nationale Umwälzung des Hochschulwesens«.

Die Begeisterung des Romantikers für den Nationalsozialismus war jedoch bald vorbei. Schon zwei Jahre später wurde er von der Gestapo überwacht. Im Krieg teilte die NS-Verwaltung die Hochschullehrer in drei Klassen ein. Heidegger fiel unter die »Ganz-Entbehrlichen«, 1944 wurde er als erster Freiburger Professor zum Volkssturm eingezogen. Nach dem Krieg war der Philosoph eine umstrittene Figur. Der Senat der Universität entzog ihm 1946 die Lehrbefugnis. Doch schon 1947 reichte ihm ein Franzose die Hand zur Versöhnung. Der Philosoph Jean Beaufret besuchte ihn in seiner Hütte.

Das Refugium auf dem Berg wurde zum Empfangszimmer für große Geister. Hans Georg Gadamer, Werner Heisenberg und Paul Celan kamen nach Todtnauberg. Auch Rudolf Augstein machte sich auf den Weg. Zum *Spiegel*-Gespräch brachte er eine Fotografin mit. Die Bilder von Digne Meller Marcowicz zeigen, wie Augstein ungewohnt demütig vor der kurzen Holztreppe wartet, bis der Philosoph die Tür aufgeschlossen hat.

Auf diesen Fotos ist eine bescheiden eingerichtete Hütte zu sehen. Über den kleinen Fenstern stehen Bücher auf Brettern, am Wassereimer ist Emaille abgeplatzt. Der modernste Gegenstand an diesem Rückzugsort ist ein Radio, das Heidegger 1962 angeschafft hat, um Nachrichten über die Kubakrise hören zu können.

Man darf aber nicht glauben, eine Hütte auf dem Berg führe automatisch zu einer glücklichen Familie.

»Schon im Gymnasium ging mir das ständige Gefrage nach meinem Vater auf den Wecker«, sagt Hermann Heidegger. Er wurde 1920 in Freiburg geboren. Als er noch nicht laufen konnte, trug ihn der Sohn eines Bergbauern auf dem Rücken vom Notschrei zur Hütte. Mit fünf Jahren lernte er das Skifahren, sein Vater unternahm mit ihm Touren auf den Feldberg. Als junger Mann wollte Hermann Heidegger Offizier werden, aber das erlaubten die Eltern nicht. Also begann er ein Studium der Forstwirtschaft. Der Krieg kam dann früh genug, der junge Heidegger zog als Soldat ins Feld und wurde viermal verwundet.

Nach der russischen Gefangenschaft kam er in das Reich von Leo Wohleb. Der Staatspräsident von Baden regierte sein Land katholisch.

»In Wohlebien wurden auch die Bäume katholisch gepflanzt«, hadert Heidegger. Er war evangelisch getauft, aus der erhofften Laufbahn im Forstdienst wurde nichts. Auch in der Lehrerausbildung kämpfte er vergeblich gegen das Korsett der Konfession. Als die Bundeswehr gegründet wurde, ging er nach Bonn und wurde doch Offizier.

Im Kalten Krieg überredete er Martin Heidegger zu einer Gesamtausgabe seiner Werke. »Mit einem militärischen Argument habe ich meinen Vater überzeugt«, sagt er, und es soll schneidig klingen: »Wenn ein dritter Weltkrieg ausbricht und deine Manuskripte vernichtet, könnte deine ganze Denkarbeit verloren gehen. Aber wenn die Gesamtausgabe in allen wichtigen Bibliotheken steht, ist sie für die Nachwelt gerettet.« Martin Heidegger starb 1976 in Freiburg. Seine Gesamtausgabe soll in 102 Bänden erscheinen.

Auf Konferenzen äußerten sich Philosophen staunend über die körperliche Ähnlichkeit Hermann Heideggers mit seinem Vater. Als seine Mutter Elfriede starb, vermachte sie ihrer Enkelin Gertrud ein verschlossenes Kästchen mit Briefen. Gertrud Heidegger hielt sich an die Verfügung, diese nicht vor dem Jahr 2000 zu veröffentlichen. 2005 gab sie den Briefwechsel zwischen Martin und Elfriede Heidegger heraus. Er zeugt von Kämpfen zwischen Liebe und Verrat, von Versprechen und Enttäuschungen. Elfriede Heidegger musste ihren Mann mit anderen Frauen teilen. Er nannte sie »mein liebes Seelchen« – sie beklagte sich über »eisige Einsamkeit«.

Im Nachwort gab Hermann Heidegger eine Erklärung ab. Der Sohn, der im Schatten eines großen Namens aufgewachsen war, wollte ein Geheimnis loswerden: Martin Heidegger war nicht sein leiblicher Vater. Das war ein Jugendfreund seiner Mutter. Hermann Heidegger schrieb: »Nun bin ich meiner Nichte dankbar, mich mit dieser Erklärung von einer mich 71 Jahre lang bedrückenden und quälenden Last zu befreien und die geschichtliche Wahrheit bekennen zu dürfen.«

Es gibt alte Fotos, die zeigen ein idyllisches Familienleben in Todtnauberg. Die Kinder sitzen auf der Bank vor der Hütte, die Mutter schenkt ein, der Übervater steht mit nackten Waden in der Sonne und trägt die Zipfelmütze der Bergbauern. Hermann Heidegger sagt über die Hütte: »Sie ist der einprägsamste Bezugspunkt meines Lebens.« Aber er geht nur noch selten hin. Und auch ich soll mich mit den geschlossenen Läden zufrieden geben. »Ich habe meinen Kindern eingeschärft, keine Fremden einzulassen.«

Notschrei

Dieser Ort trägt seinen Namen nicht ohne Grund. Im 19. Jahrhundert lag die bettelarme Bevölkerung des oberen Wiesentals der badischen Regierung 30 Jahre lang in den Ohren, endlich den mittelalterlichen Pfad über diesen Sattel auszubauen, damit Freiburg auf einer befahrbaren Straße erreichbar sei. Aber erst musste das Hungerjahr 1844 kommen, bevor die Beamten des Großherzogs den Notschrei erhörten.

Der Forstinspektor Friedrich Julius Gerwig, ein Vetter des

Eisenbahningenieurs, wurde mit dem Straßenbau betraut. Dieser war nicht ungefährlich, eine Freischar verbreitete in den Wäldern Angst und Schrecken. Gerwig hob die Notwendigkeit der neuen Verbindung hervor:

> Sie dient nicht nur der Industrie, sondern ganz besonders den armen Taglöhnern und Holzhauern, die ihr Brotmehl von Freiburg beziehen auf der schlechten Straße.

Im November 1848 wurde schließlich der Pass über den Notschrei eröffnet.

Im Winter habe ich hier die Ski abgeschnallt. Jetzt bin ich wieder zu Fuß unterwegs und habe Hunger. Im Gasthaus gibt's besondere Butter. Die Umrisse eines Bollenhuts sind ins Fett geprägt. Ich habe anscheinend kritisch auf dieses Zeichen geschaut, denn die Bedienung kommt von der Theke an den Tisch und erklärt:

»Die können Sie unbedenklich essen. Die Butter kommt von hier.«

Jetzt muss ich wohl richtig blöd geschaut haben, denn sie klärt mich auf über einen Skandal: Die *Breisgaumilch* in Freiburg hat geschummelt. Auf der Packung der Schwarzwälder Sauerrahmbutter hat sie die Vorzüge der hiesigen Wiesen und Kräuter gepriesen – aber die Butter stammte aus dem Allgäu. In der *Landesschau* enthüllte das Fernsehen diese Täuschung des Verbrauchers. Der Geschäftsführer der Molkerei entschuldigte sich, er sprach von einem Ausrutscher, den die Firma schnellstmöglich korrigieren werde. Ein Sprecher des Landwirtschaftsministeriums nutzte die Gelegenheit, diesen Betrug mit scharfen Worten zu geißeln: »Die Endverbraucher müssen sicher sein können, dass dort, wo Schwarzwald draufsteht, auch Schwarzwald drin ist.«

Die Bedienung ist sehr nett und Anfang 20. Ich sage: »Aber die Allgäuer Kühe sind auch nicht schlecht.«

»So einfach ist das nicht«, erwidert sie. »Schauen Sie: Mein T-Shirt stammt von *Puma*, aber es kommt aus Vietnam. Wenn ich bei einer Hotline anrufe, lande ich womöglich in Kalkutta. Wenigstens beim Essen will ich wissen, woran ich bin.«

Im Moment trägt die Bedienung kein T-Shirt, sondern ein Dirndl. Im tiefen Dekolleté schaut ein Tattoo unter dem Rand der weißen Bluse hervor, der Schwanz eines schwarzen Skorpions sticht von rosiger Haut ab. Doch das Dirndl wirkt an ihr nicht wie eine Uniform, die der Chef verordnet hat und die sie nach Feierabend ganz schnell auszieht. Offensichtlich fühlt sich die Frau in dieser Tracht wohl, so wie sie die Hüften wiegt. Beim Servieren weiß sie ihren Ausschnitt einzusetzen, wenn sie sich lächelnd vorbeugt.

»Sie kommen aber nicht von hier«, sage ich, »Ihr Akzent klingt nicht nach Schwarzwald.«

»Ick bin schon drei Jahre hier oben«, antwortet sie und setzt einen resoluten Blick auf. Sie stammt aus Berlin. Ihr Freund war Koch; er trat hier eine Stelle an und sie ging mit. Die Beziehung hielt einen halben Sommer. Der Koch zog weiter nach Ibiza, sie blieb.

»Ich bin das Gegenteil von den Schwaben, die sich in Kreuzberg zum Affen machen«, sagt sie und grinst. Von der Theke ruft eine Kollegin: »Yvonne, kannst du mal Tisch drei?«

»Ja, gleich.« Auf dem Absatz, zu mir: »Wenn ich in die Stadt will, bin ich schnell in Freiburg. Aber nachher, wenn ich frei hab, nehm ich den iPod und geh raus. Wo gibt es das noch in Deutschland, dass man so viel echte Natur vor der Haustür hat?«

Todtnau

Im Süden führt die Straße vom Notschrei hinunter nach Todtnau. Wer den Schwarzwald entzaubern will, muss nur in diesen Ort, dort hat er leichtes Spiel. Die Kleinstadt liegt in einem engen Tal, eingeklemmt zwischen Bergen und der Bundesstraße. Wer Hunger hat, kann wählen zwischen dem Döner-Imbiss und der *Sonne*. Dort gibt es halbrohe Pflaumenpfannkuchen. Das traditionsreiche Hotel *Ochsen* unterhalb der Kirche wurde abgerissen. Hier steht jetzt die Kreissparkasse.

Todtnau ist das Gegenteil des Westwegs. Dieser führt über die Gipfel, jene Stadt liegt im Tal. Im Mittelalter hat man hier nach Silber gegraben, das hat der Siedlung Wohlstand gebracht. Aber der Feldberg wirft einen brutalen Schatten. Sein Massiv überragt den Ort um 800 Meter, die Abhänge sind steil und von dunklem Wald bewachsen. Wer hier nicht depressiv werden will, braucht etwas, an dem er sich aufrichten kann. Todtnau hat zwei Superlative zu bieten.

Der erste: In Todtnau wurde der älteste Skiclub Mitteleuropas gegründet.

Das kam so: In den Achtzigerjahren des 19. Jahrhunderts ließ sich ein Arzt in Todtnau nieder. Doktor Tholus hatte zuvor auf einem Schiff praktiziert und in Norwegen die Schneeschuhe kennengelernt. Diese Geräte erschienen ihm praktisch für winterliche Krankenbesuche im Schwarzwald. Im Garten seines Hauses übte er das Skilaufen, doch das Ergebnis war äußerst unbefriedigend. Der als korpulent beschriebene Doktor stellte die Bretter bald auf den Dachboden.

Ein Buch von Fridtjof Nansen wurde ab 1890 in ganz Europa gelesen: *Auf Schneeschuhen durch Grönland.* Auch am Stammtisch des Hotels *Ochsen* diskutierte man, wie es möglich sei, sich ohne Schlitten über den Schnee zu bewegen. Doktor Tholus holte bereitwillig seine Skier vom Dachboden, zwei Unerschrockene unternahmen die ersten Versuche. Auf dem Feldberg trafen sie einen Franzosen, der ihnen die richtige Technik zeigte. Man fuhr mit nur einem Stock, der als Hilfe beim Aufstieg und zum Bremsen diente. Gegen den Schnee schützte man sich mit Wickelgamaschen.

In den Weihnachtstagen des Jahres 1891 gründeten sechs Männer den Skiclub Todtnau. Eine ihrer ersten Amtshandlungen war, Fridtjof Nansen zum Ehrenmitglied zu ernennen. Der Norweger bedankte sich mit einem Brief vom 5. Januar 1892. Das Vorstandsmitglied Fritz Breuer ließ eine *Anleitung zum Schneeschuhlaufen* drucken, erhältlich für eine Mark. Der Verfasser propagierte die Ski als Verkehrsmittel zum Nutzen der Bewohner des Feldbergs, einer »mit langanhaltendem hohem Schnee beglückten Umgebung«.

In gleichem Maße pries der Pionier das Vergnügen des neuen Sports:

> Der Schneeschuhläufer, dem es vergönnt ist, schöne Landschaften zu durchlaufen, wird schönere Erinnerungen sammeln als der Tourist, der zur Sommerszeit sich müde auf der Landstraße einherschleppt.

Das Lehrbuch endete mit einer hymnischen Aufforderung:

> Auf, Ihr Freunde der Natur, Freunde Körper und Geist belebender Vergnügungen, greift zu den Schneeschuhen, kommt zu unserem Feldberg und erlernt in jenen sorgenbannenden Höhen unsern Freudenruf
>
> Skiheil!

Das Echo war gewaltig. Am 29. März 1892 berichtete die *Rundschau vom Feldberg* über den Skilauf:

> Man bedient sich dabei sogenannter norwegischer Schneeschuhe; dieselben sind etwa 2½ m lang, 10 cm breit und 1 cm dick, vorn mit nach oben gebogenem Schnabel; in der flachen Seite ist ein Riemen angebracht, mit dem man den Fuß umschnallt. Ein mannshoher, mit Schneehaken versehener Stock dient zum Lenken, Bremsen etc. Unser Gewährsmann, ein enthusiastischer Läufer, preist die erhabene Lust, einige Hundert Meter pfeilschnell hinabzuschießen, daß einem Hören und Sehen vergeht.

Die Schwarzwälder wussten, dass es Größeres gibt als den Feldberg. Bald wagten sich die Skipioniere an das Gebirge, das in Europa den Maßstab setzt. An Ostern 1894 brachen sie auf, um die Alpen zu überqueren. Das Unternehmen glückte, von Airolo an der Südseite des Gotthard schickten sie eine Postkarte nach Todtnau.

Für Frauen galt es bis ins 20. Jahrhundert als unschicklich, Sport zu treiben. Doch der Schnee ist ein anarchisches Element, das die Ordnung des Sommers außer Kraft setzt. Ein Foto aus dem Archiv des Skiclubs zeigt, dass Frauen schon 1897 auf Skiern standen. Ihre Kleider reichten bis zu den Knöcheln, gemeinsam mit den Männern fuhren sie am Feldberg.

In München wurde 1905 der Deutsche Skiverband gegründet. Die drei dortigen Vereine stellten zusammen 208 Mitglieder. Der Ski-Club Schwarzwald war wesentlich größer, er brachte 1550 Mitglieder ein.

Ein gutes Jahrhundert nach der Gründung des ersten Skiclubs wurde das Schwarzwälder Skimuseum eröffnet. Aber nicht in Todtnau, sondern in Hinterzarten. Das stach den Mitgliedern des Todtnauer Vereins für Heimatgeschichte wie ein Dorn ins Auge. Sie nahmen sich vor, den zweiten Superlativ der Stadt besser zu hüten. Hinter *Kaiser's Blumenlädele* richteten sie ein Museum ein. Es gilt Karl Ludwig Nessler, dem Erfinder der Dauerwelle.

Die Schautafeln sind in einem hymnischen Stil abgefasst. Sie wenden sich per Du an den berühmten Sohn der Stadt, als wollten sie seine Anwesenheit beschwören: »Hier beginnt Dein Weg, hier findest Du Deine Prägung und Deine Kraft.«

Karl Ludwig Nessler wurde 1872 in Todtnau geboren. Sein Vater war Schuhmacher, der Junge musste Schafe und Ziegen hüten. Dabei beobachtete er, wie sich in feuchter Luft bei manchen Tieren das Haar kräuselte. Er begann eine Lehre bei einem Barbier im Wiesental, aber dort hielt er es nicht lange aus. Der Schwarzwälder wollte in die Welt. Seine Wanderjahre führten ihn in die Schweiz, schließlich arbeitete er in einem renommierten Salon in Paris. Dort experimentierte er am Kopf einer Kollegin mit künstlichen Locken. Sie trug eine Brandblase davon, trotzdem hatte Nessler Erfolg: 1901 heirateten die beiden. Das Hochzeitsfoto zeigt alle Attribute des Mondänen. Der Bräutigam trägt Frack und Zylinder, sein Schnurrbart ist aufwendig gezwirbelt.

Nessler hielt zäh an seiner Idee fest, den Frauen zu künstlicher Schönheit zu verhelfen. Auch Rückschläge entmutigten ihn nicht. Ein Schweizer verklagte ihn, weil seine Gattin nach einer Lockenbehandlung kahl nach Hause kam. Nessler eröffnete einen eigenen Salon in London. Den führenden Friseuren dieser Weltstadt stellte er seinen verbesserten Dauerwellenapparat vor, doch sie blieben reserviert. 1910 erhielt Nessler das Patent auf seine *permanent wave machine*.

Der Schwarzwälder nannte sich jetzt Charles Nestle. Im Ersten Weltkrieg wanderte er nach Amerika aus. In New York brachte er es zum Friseur der High Society. Die Damen zahlten bis zu 120 Dollar für einen Besuch in seinem Salon, Miss America ließ sich von ihm die Dauerwellen legen.

Monika Schneider trägt ihr Haar kurz und glatt. Die Tochter des ehemaligen Bürgermeisters von Todtnau führt durch das Museum. Sie zeigt den Dauerwellen-Apparat von 1906, den ein Mitglied des historischen Vereins originalgetreu nachgebaut hat. In einer Vitrine sind die Bücher ausgestellt, die Nessler geschrieben hat. Eins heißt *Stay young*.

Frau Schneider spricht in höchster Verehrung über den großen Sohn der Stadt. Der Mann, der es vom Ziegenhirten am Feldberg zum Millionär in Amerika brachte, hat seine Heimat nicht verleugnet. Als die Weltwirtschaftskrise auch über den Schwarzwald hereinbrach, wandte sich der Bürgermeister mit Bettelbriefen an die sogenannten Exil-Todtnauer. 1923 schickte Nessler eine Hilfslieferung, 34 Zentner Kleider und Schuhe. Insgesamt spendete er den Todtnauern in den Zwanzigerjahren mehr als 20 000 Mark.

Die Führerin vermutet ein Motiv für Nesslers Mildtätigkeit in dessen Familiengeschichte: Sein Bruder war den Hungertod gestorben. Dieser Umstand macht die Karriere des Friseurs erst recht erstaunlich. Er wurde kein Müller oder Bäcker, der für das tägliche Brot sorgt. Er wollte sich nicht in den Niederungen des Überlebens aufhalten, er ging die Luxusprobleme der Gesellschaft an. Wo es an natürlicher Schönheit mangelte, suchte er nach einer Lösung. Nessler erfand künstliche Wimpern und tüftelte an einem Hautverjüngungsapparat. Das Gerät hieß *Cha Ness*, der Zweite Weltkrieg verhinderte die Serienproduktion.

Karl Ludwig Nessler starb 1951 in Amerika. In einem Nachruf hieß es über den Schwarzwälder, der aus dem Schatten des Feldbergs kam: »Dieser Mann hat das Gesicht der Welt verändert.«

Schauinsland

Am Notschrei mache ich einen Abstecher nach Norden. Meine zwiegenähten Stiefel waten durch Pfützen, es regnet mal wieder. Aber das ist gut so, denn das Wetter steigert die Ankunft zu einem Erlebnis. Ein alter Schwarzwälder Hof steht exponiert auf dem Schauinsland. Er liegt gut 1 100 Meter hoch auf einer offenen Kuppe. Das Walmdach ist mit Holzschindeln gedeckt. Es kragt weit vor und spannt sich wie ein schützender Schirm über das Anwesen. Noch bevor ich das Haus betrete, bin ich im Trockenen. Die Dachrinne teilt die Welt. Draußen prasselt es, ich kann zuschauen, wie die Tropfen immer schneller fallen, bis sie graue Schnüre bilden. Die Luft riecht frisch. Ich bin geborgen.

Dieser alte Münstertäler Hof von 1623 ist ein Gasthaus mit langer Tradition. Schon im 17. Jahrhundert wurde hier geheiratet, im 19. Jahrhundert feierte die Freiburger Gesellschaft in der *Haldenstube* ihre Taufen. Der Wirt baute großzügig an, rund um den Hof war ja genug Platz. Das Haus in der schönen Einöde überstand die Weltkriege unbeschadet. Als Westdeutschland im Wohlstand schwelgte, genügte das Hotel nicht mehr den Ansprüchen. In den Siebzigerjahren setzte der Niedergang ein.

An der Bar brennt das Feuer im offenen Kamin. Dort sitzt Carl Langenbach. Er kommt aus Lahr, ist Architekt und trägt schwarz, wie seine Zunft es vorschreibt. Der Herr tritt angenehm zurückhaltend auf, auch wenn er zu den Fragen des Bauens eine entschiedene Haltung hat.

»Ein Hotel von heute muss andere Funktionen erfüllen als ein Bauernhof im 17. Jahrhundert«, sagt Langenbach, »wir können keine Schwarzwaldkulisse bauen.«

Andererseits können Allerweltshäuser nicht die Lösung sein. Abgesehen davon, dass die angeblich ewig haltenden Eternitschindeln schon nach 40 Jahren Risse bekommen. »Wir müssen Lichtungen schlagen im Dickicht des Globalen. Es braucht eine Architektur des Ortes. Für das Bild vom Hof in der Schwarzwaldlandschaft müssen wir eine neue Sprache finden.«

Dieser Architekt will die Tradition pflegen, indem er ihr etwas Neues hinzufügt. Der Besitzer des Hotels denkt ähnlich. Er wollte einen Neubau, der die Kontinuität wahrt und der Baugeschichte des Schwarzwalds Respekt zollt. Als das 20. Jahrhundert zu Ende ging, ließ der Hotelier den Anbau des Haldenhofs abreißen. Neben dem alten Bauernhaus stellte Carl Langenbach einen Neubau an den Hang. Der hat klare Formen: Das Haus ist rechteckig, mit seinem stattlichen Walmdach ragt es wie eine Skulptur über die Wiesen. Das neue Hotel ist sechs Stockwerke hoch, aber es lässt dem alten Hof seine Würde, es stiehlt den knorrigen Balken nicht die Schau.

Carl Langenbach ist überzeugt von der gestalterischen Kraft des Holzes. Das traditionelle Baumaterial des Schwarzwalds sorgt für einen harmonischen Übergang: Das undichte Dach des Stammhauses wurde mit den gleichen Schindeln gedeckt, die auch den Neubau vom First bis zu den Balkonen verkleiden. Der Architekt wollte das traditionelle Fichtenholz nehmen, aber der Bauherr hatte Bedenken, ob die lange genug hielten. Also wurde die Außenhaut des Haldenhofs mit Zedernschindeln aus Alaska gedeckt. Sie sind unbehandelt und haben vom Wetter einen mattsilbernen Glanz bekommen.

An einer Wand in der Bar hängt ein Ölgemälde. Es stammt von Fritz Kaiser. Dieser Schwarzwaldmaler hat auf dem Haldenhof gelebt und mit Bildern für Kost und Logis bezahlt. Das großformatige Werk im Nebenraum der Bar heißt *Der Feldpostbrief*: In der Stube eines Bauernhofs versammeln sich drei Generationen um die Mutter, die den Brief des Vaters aus dem Krieg vorliest.

Langenbach macht auf einen Schwindel in diesem Heimatbild aufmerksam: Die Zeitung, die der Großvater in den Schoß hat sinken lassen, war ursprünglich ein Naziblatt. Nach dem Krieg hat Fritz Kaiser den Titel übermalt, jetzt liest der Alte den *Schwarzwälder Boten*.

Die Zimmer im *Haldenhof* sind nicht billig. Aber das Hotel ist ausgebucht. In den niedrigen Gaststuben im Altbau kommen die Kellner kaum nach. Das Parkett knarrt, um den alten Boden hat der Architekt erfolgreich gekämpft. An den dunkel getäfelten Wänden hängen Schwarzwälder Porträts in Öl. Am Nebentisch sitzt ein Paar aus der Schweiz. Das gestreifte Hemd des Mannes soll locker wirken, mit geknöpftem Kragen ohne Krawatte, aber gleichzeitig zeigen, dass sein Träger Geld hat. Dieser echauffiert sich über die Unvollkommenheit seiner Angestellten: »Keiner ist König. Nicht einmal ich bin der König. Der Kunde ist König.«

Die Frau nickt ergeben. Sie sagte auch nichts zu den Geräuschen, die der Schweizer Fabrikant von sich gibt. In regelmäßigem Abstand verzieht er einen Mundwinkel wie ein Ventil, das sich öffnet und Überdruck ablässt. Es ist eine Gnade, der Verdauung des Unternehmers zu lauschen.

Belchen

Vom Notschrei geht es durch wunderbare Einsamkeit auf den Belchen. Ich wandere zwölf Kilometer in den Wolken. Ein Reh springt über den Weg und federt mit eleganten Sätzen den steilen Hang hinauf. Ein graues Gewebe hält die Welt auf Abstand. Bizarre Formen ragen heraus. Wurzeln glänzen wie dunkle Adern. Der Baum, zu dem sie wohl führen, ist verschwunden. Der Ast einer Eiche ragt aus dem Nichts. Ein struppiger Bart taucht vor mir auf. Er hüllt die Zweige einer Eberesche ein, aus den dicken Flechten leuchten rote Beeren. Wenn jetzt ein Kind mit mir ginge, würden wir Gnome und Elfen sehen.

Am Wiedener Eck höre ich Stimmen. Dann rieche ich Frittierfett, schließlich sehe ich das Berggasthaus. Das gelbe Schild einer Bushaltestelle wirkt beruhigend.

An einem Grashalm hängt das Wasser in Perlen. Die Luft ist feucht, aber ich werde nicht nass. Ich fühle mich geborgen in einer grauen Wolke. Wie hoch bin ich über dem Tal? Losgelöst bewege ich mich zwischen Himmel und Erde. Der Weg ist nicht bedrohlich. Ich sehe genug, um mich nicht zu verirren. Es ist nicht kalt. Ein Schleier verhüllt die Welt, ich gehe durch einen Freiraum.

In Hamburg gibt es grauenhaften Nebel, der sich nicht lösen will. Hier oben ist er schön.

Als der Pfad schmal und höckerig wird, warnt ein Schild:

Weg im Winter gesperrt – Vereisung, Lawinen, Lebensgefahr!

Johann Peter Hebel stieg 1790 auf den Belchen. Gemeinsam mit seinem Freund Friedrich Wilhelm Hitzig wagte er sich an dieses Unternehmen, das im 18. Jahrhundert einer Expedition gleichkam. Es gab noch keine markierten Wege auf diesen Berg, die beiden mussten einen Führer nehmen.

Der Dichter Hebel war seiner Zeit voraus. Vor der Romantik wurde das Wandern gering geschätzt. Wer zu Fuß über Land ging, war ein armer Handwerksbursche, oder er gehörte zu den noch ärmeren Nichtsesshaften.

Drunten im Wiesental wird der geschnitzte Spazierstock des poetischen Wanderers gezeigt. Das Hebel-Museum in Hausen befindet sich in einem kleinen Fachwerkhaus. Wein rankt um die schmalen Fenster, die Küche im ersten Stock ist zu niedrig, um aufrecht am Herd zu stehen. Hier hat Hebel die Winter seiner Kindheit verbracht. Der Belchen war das Wahrzeichen seines alemannischen Tals.

Der Wald wird jetzt so dicht wie Hebels Backenbart. Der Weg führt im Zickzack bergauf. Wo der Nebel aufreißt, sehe ich blasse Flecken von einem blauen Himmel. Schroffer Fels taucht auf, Blau gewinnt gegen Grau. Letzte Wolkenfetzen treiben über einen steilen Wiesenhang. Dann sehe ich ein großes Gipfelkreuz. Es hat eine Form, die nicht weiter zu reduzieren ist. Zwei Balken ohne Firlefanz. Ich bin auf dem Belchen.

Dieser Berg ist schön. Seine offene Kuppe wirkt großzügig, der flache Gipfel ist harmonisch rund. Auf weichem Gras schwebe ich über der Welt. Nebel füllt die Täler, dunkle Kuppen ragen aus einem weißen Meer. Dieses wogt weit in den Süden, wo die Alpen steil in den Horizont ragen. Dort ist schon Schnee gefallen, Mönch und Jungfrau leuchten hell. Am Eiger hebt sich die Nordwand als dunkles Dreieck ab.

Eine Inversionswetterlage kehrt die Verhältnisse um. Die nahen Täler sind verschwunden, ferne Berge wirken zum Greifen nah. Das Finsteraarhorn ragt wie eine Pfeilspitze in den

Himmel. Ich sehe Wächten über dem Fels, sie scheinen näher als mein Etappenziel.

Der Schwarzwald ist ein gelassenes Gebirge. Er hat die Größe, über sich hinauszuweisen. Von seinen gastfreundlichen Gipfeln zeigt er die dramatische Silhouette der Alpen. Wer Fels und Eis will, wem der Sinn nach Überhang und Steilwand steht – bitte sehr, im Süden ist das alles zu haben.

Ja, das hatten wir schon. Du ziehst eine Hochtour am Matterhorn einer Wanderung im Schwarzwald vor. Nenn mich von mir aus einen Warmduscher, wenn ich vom Belchen schwärme. Aber in einem Punkt kannst du mir nicht widersprechen. Der Westweg verläuft ganz oben. Er führt auf die höchsten Berge. In den Westalpen hast du immer Gipfel über dir, das höchste der Gefühle auf deiner Route ist das Breithorn. Ich war auf dem Feldberg – warst du schon auf dem Mont Blanc? Also bitte.

Die Kelten haben dem Belchen seinen Namen gegeben. In ihrer Sprache heißt er »der Strahlende«. Die Wiesen rings um seinen baumfreien Gipfel sind hell. Eine einzelne Tanne, vom Wind zerzaust, setzt einen dunklen Klecks. Wo die Weide zum Waldrand abfällt, trägt der Herbst Ocker auf.

Johann Peter Hebel empfand den Belchen als Hochaltar. Hier schloss er mit Friedrich Hitzig einen feierlichen Freundschaftsbund. Kaum ein Ort wäre geeigneter für einen solchen Akt. Von diesem Berg geht die Aussicht in alle Himmelsrichtungen. Im Norden gibt eine Lücke im Nebel kurz den Blick ins Münstertal frei. Zerfurchte Steilhänge fallen ohne Unterbrechung 1000 Meter tief.

Im Süden brandet das weiße Meer an ein rotes Ziegeldach, eine schmale Straße glitzert feucht am Ufer. Im Osten steigt eine Nebelsäule aus dem Wald. Sie wird zu einer breiten

Schwade, dann löst sie sich auf. Im Westen ist der Elsässer Belchen zu sehen, der Grand Ballon.

Das Gipfelglück des Wanderers lässt sich nur noch auf eine Weise steigern. Es gibt Fotografen, die sich Panoramisten nennen. Für sie ist der Belchen ein magischer Ort. Sie kommen nicht tagsüber auf den Berg. Sie steigen in der Nacht auf, scheuen weder Eis noch Kälte, um im ersten Licht von diesem Gipfel nach allen Seiten Bilder zu machen. Stolz stellen sie diese ins Internet. Mit einem Mausklick kann man die 360-Grad-Rundumsicht abrollen. Bei Sonnenaufgang vom Belchen besehen wirkt die Welt frisch.

Das Berggasthaus strahlt auch am Mittag Pioniergeist aus. Es steht etwas unterhalb des Gipfels. Die Fassade ist aus dunklem Bruchstein gemauert, Laibungen aus massivem Sandstein rahmen die Fenster. Die Jahreszahl 1898 steht in eisernen Ziffern über dem Eingang. Drinnen macht ein Holzschild auf die herausgehobene Lage aufmerksam: Höchstes Gasthaus in Baden-Württemberg, 1360 Meter. Ich fürchte, der wampige Ministerpräsident könnte kommen, mit kriechenden Amtmännern im Gefolge. Der Gipfel wäre ja breit genug, um einen Hubschrauber landen zu lassen. Auf der dunklen Eckbank sitzt aber nur ein harmloser Radfahrer und isst Nudeln.

Beim Abstieg vom schönsten Berg des Schwarzwalds entdecke ich eine Farbe. Die letzten Wolken haben sich verzogen, der Tag wird warm. Ich setze mich auf eine Wiese und mache Rast. Käsebrot und Wasserflasche hole ich aus dem Rucksack, den Rücken lehne ich an einen hellen Holzstoß, Stiefel und Socken ziehe ich aus. Die Sonne scheint auf meine Fußsohlen, eine Spinne klettert einen Grashalm hinauf.

Das Licht fällt schräg auf den Hang. Die Wiese leuchtet in einem Grün, das vor Leben strotzt. Aber in diesem Ton ist nichts Giftiges, auch nicht der Hauch einer plakativen Übertreibung. Natürlich kenne ich das Wort für diese Farbe, habe es oft genug geschrieben. Aber erst auf der Lichtung am Belchen hat sich dieser Begriff mit Anschauung gefüllt. Jetzt weiß ich, was grasgrün bedeutet.

Kreuzweg

Beim Haldenhof springen zwei Ziegen über den Pfad. Bimmelnd fressen sie sich durchs Gebüsch. Am Kreuzweg kommt ein weitläufiger Waldparkplatz. Das Staatliche Forstamt Müllheim hat ein großes Schild aufgestellt: *Dem Ordnungssinn der Besucher anvertraut.*

So ganz trauen die Beamten dem Volk aber nicht. Links zeigt ein Pfeil, wo man ausfahren muss. Die Einfahrt ist rechts.

Ein Mann steigt aus seinem Passat Kombi. An der Heckscheibe hat er einen Aufkleber der *Gewerkschaft Erziehung und Wissenschaft*. Er setzt eine Baskenmütze auf und zieht den Reißverschluss seiner Popelinejacke zu. Dann wandert er. Der Lehrer nimmt den gleichen Weg wie ich, 100 Meter vor mir durchmisst er mit energischen Schritten den Wald.

Von hinten sehe ich, wie er sich plötzlich breitbeinig hinstellt und nach beiden Seiten die Arme ausstreckt. Der Weg ist gut zwei Meter breit. Seine Spannweite reicht nicht, ihn zu sperren. Er fuchtelt und schreit: »Anhalten!«

Der Mountainbiker denkt nicht daran. Er kommt um die Kurve, weicht mit einem Schlenker an die Böschung aus und passiert den Mann, der sich im Wald postiert hat wie ein Schutzpolizist auf der Kreuzung. Im Vorbeifahren tippt er sich mit dem Zeigefinger an seinen schwarzen Helm.

Der missachtete Pädagoge bleibt stehen und schaut dem Hinterrad missbilligend nach. In mir sucht er einen Bundesgenossen für seine Empörung. Er regt sich auf über das Tempo des Radfahrers, sein buntes Trikot und nennt ihn einen Umweltsünder.

»Unser Schwarzwald verkommt zu einem Freizeitpark.«

Ob er beruflich hier sei, frage ich.

»Wie kommen Sie darauf?«, fragt er zurück, leicht alemannisch gefärbt. »Ich wandere hier seit Jahren jede Woche.«

Der Studienrat aus Freiburg erwartet keine Antwort. Der Mann mit grauem Haar und silbernem Ohrring redet gern. Er ist es nicht gewohnt, seine Zuhörer durch knappe Sätze zu fesseln. Es dauert, bis er auf den Punkt kommt. Sein Bild vom Wald lässt sich etwa so zusammenfassen: Das Wandern sei die angemessene Form, die Natur zu erleben. Das Joggen bezeichnet er als hektischen Ausdruck amerikanischer Dekadenz. Außerdem sei es widersinnig, mit dem Auto die Luft zu verpesten und am Parkplatz loszurennen. Für Reiter und Reitwege hat er dagegen Verständnis, die müssten ja irgendwo Auslauf haben, seine Tochter wisse davon ein Lied zu singen. Um die Mountainbiker aus dem Wald zu bekommen, solle man doch im *Europapark Rust* eine Bahn anlegen, dort käme es auf eine weitere Idiotie auch nicht mehr an.

Ich sage, seit Pforzheim hätte mich kein Radfahrer behelligt. Diesen Hinweis biegt er ab wie ein Sizilianer, der über die Lombardei redet.

»Da können Sie froh sein, dass Sie den Nordschwarzwald hinter sich haben. Da gibt's ja nur Bäume, aber hier bei uns, im Süden …«

Oh ja, der deutsche Wald hat besondere Liebhaber. Der größte heißt Gottlieb Biedermeier.

Der Lehrer redet, aber keine Klingel erlöst mich. Am Raukopf täusche ich eine Pinkelpause vor. Ich stelle mich hinter eine Buche und warte, bis er außer Sicht ist. Ein schmaler Pfad führt vom Weg ab. Wo er sich im Dickicht verliert, entdeckte ich einen rätselhaften Specht. Hüfthoch über dem Boden wippt er regelmäßig gegen einen Baumstamm, aber sein Hinterkopf ist merkwürdig groß und blond. Der Schnabel hämmert nicht, stattdessen stöhnt es hinter der Fichte. Es klingt tief und befriedigt und wird immer lauter.

Wie heißt beim Specht eigentlich das Weibchen?

Beim Weitergehen habe ich gemischte Gefühle. Ich bin neidisch, weil ohne Spechtin unterwegs. Und ich ärgere mich über den Wegwart, der glaubt, er hätte den Wald gepachtet. Schwadroniert vom grünen Freiburg, von Multikulti im Vauban, aber duldet keine Radfahrer am Raukopf. Doch dann merke ich, dass dieser Ärger unnötig ist, weil es hier so viele Ausweichmöglichkeiten gibt. Der Wald bietet mehr Freiraum, als deutschen Lehrern lieb ist.

Blauen

Am Müllheimer Egerten steht eine hölzerne Schutzhütte. Sie ist mit blau glasierten Dachpfannen gedeckt. Hier beginnt der letzte Aufstieg des Westwegs. Nach drei Kilometern stehe ich auf dem Blauen.

Der Wald wächst bis zum Gipfel. Der Blauen ist 250 Meter niedriger als der Belchen, aber als Aussichtsberg steht er ihm wenig nach. Am Hang startet ein Gleitschirmflieger. Als gelber Halbmond schwebt er über einer weichgezeichneten Landschaft. Sie wirkt wie gerade erst erschaffen. Die Wogen eines Landmeers ebben nach Süden ab.

Auf der anderen Seite des Bergs liegt Badenweiler. Dort, am Fuß des Schwarzwalds, legten schon die Römer eine Therme an. Im 19. Jahrhundert stieg der Ort zu einem bedeutenden Kurbad auf. Baden-Baden bot die große Oper, Badenweiler gab das Kammerspiel. Eine Ruine sorgte für romantisches Kolorit, ringsum lag das liebliche Markgräflerland, der Adel traf sich im *Grandhotel Römerbad.*

Der Blauen ragt 700 Meter über Badenweiler. 1872 wurde der Weg auf den Gipfel für Kurgäste ausgebaut. Die Eseltreiber verlangten drei Mark für einen Ritt, mit der Kutsche kostete es zwölf Mark. In der Schenke auf dem Hausberg gab es Wein und Kirschwasser. Drei Jahre später wurde aus ihr das *Berghotel Hochblauen.* 1880 ließ sich der Großherzog von Baden hier oben bewirten.

Natürlich brauchte auch dieser Gipfel einen Aussichtsturm. Man entschied sich für eine moderne Lösung, eine Konstruktion aus Stahlfachwerk. Der Blauenturm sieht aus wie der kleine Bruder des Eiffelturms. 1895 wurde er feierlich eingeweiht. Die Dragonerkapelle spielte, Geschütze schossen Salut. Hofrat Behagel hielt als Präsident des Schwarzwaldvereins eine Rede, nach ihm sprach der Vorstand der Sektion Müllheim, Oberamtmann Freiherr von Krafft-Ebing. Am Abend gab's bengalische Beleuchtung.

Heute gehört der Blauen zu den verblassten Mythen. Als die Kur in Badenweiler ihre Gäste verlor, verlotterte der Hausberg. 1928 hat man die Straße auf den Gipfel für den Autoverkehr freigegeben. In den fetten Jahren bekam das Hotel einen neuen Speisesaal mit Panoramafenstern. Der Teppichboden war damals vermutlich olivgrün, aber so genau lässt sich das jetzt nicht mehr sagen. Ich will auch nicht wissen, welche Flüssigkeiten sich als dunkle Flecken festgetreten haben. Ich bin froh, dass ich ein Bier bekomme, denn die Speisekarte vermerkt streng: »Im Winter werden die Fässer bei schlechtem Wetter nicht angezapft.« Wer auf die Toilette will, muss den Schlüssel am Tresen holen.

Die technische Zivilisation hat diesem Berg von mehreren Seiten zugesetzt. Nach der Ölkrise wurde der Blauen angebohrt. Es gab Pläne, Kavernen in den Granit zu sprengen, um stille Reserven an Öl und Gas zu lagern. Gegen die Bedrohung von oben setzte sich die Bevölkerung zur Wehr, aber ihr Protest nutzte nichts. 1985 stellte die *Telekom* einen 95 Meter hohen Fernmeldeturm auf den Gipfel.

Unter der rotweiß geringelten Antenne beginnt der lange Abstieg. Bis Basel geht es bergab. Diese Perspektive ist für Körper und Gemüt gleichermaßen unerfreulich. Jeden Schritt spüre ich im Knie, und ich werde melancholisch. Ich kann nicht mehr auf neue Gipfel hoffen. Das Abenteuer ist vorbei. Jetzt kommt die Mühsal der Ebene.

Der Schwarzwald gibt sich allergrößte Mühe, mir den Abschied leicht zu machen. Seine Ausläufer haben Farben aufgelegt, als ob sie den *Indian Summer* aus Amerika geliehen hätten. Birken tragen gelbes Laub, Buchen färben halbe Hänge rot, das Gold der Lärchen schimmert in hauchfeinen Nadeln. Am Fuß des Gebirges leuchten Weinberge.

Als ich im schrägen Licht nach Kandern komme, ist der Himmel orange. Das *Gasthaus zur Schnecke* gönnt sich ein üppiges Wappentier. Ich würde es umarmen, wenn ich hochkäme. Es liegt breit über dem Wirtshausschild, so groß wie 20 Schnecken, und ist aus weißem Gips modelliert. Die Fühler tragen goldene Spitzen.

Schönau

Die letzte Etappe liegt vor mir. Bis Basel sind es nur noch 26 Kilometer. Ich muss keinen Berg mehr besteigen, der Tüllinger Hügel ist die letzte Erhebung vor dem Rhein. Aber es geht nicht mehr. Zwischen Bett und Bad tut jeder Schritt weh. Auf der Treppe, die hinunter in den Frühstücksraum führt, halte ich mich rechts am Geländer und stütze mich links an der Wand. Zum Glück sieht niemand den geschlagenen Helden.

Seit der siebten Etappe kenne ich dieses Gefühl: Am Morgen quengeln die Füße. Sie wehren sich dagegen, wieder einen ganzen Tag beansprucht zu werden. Zwicken hier und zwicken da. Der erste Kilometer wird mühsam, aber dann läuft es wieder rund.

Doch heute tun die Füße anders weh. Da ist keine durchgescheuerte Haut, die ich mit einem Blasenpflaster abkleben kann. Das ist nicht nur der gereizte Knöchel, der nach 100 Schritten Ruhe geben wird. Tief im Knochen sitzt ein dumpfer Schmerz. Wenn ich vorsichtig auftrete, nützt das gar nichts. Auch die Methode Feldenkrais hilft nicht. Ich finde keinen Weg, diesen Schmerz zu umgehen. Er fühlt sich breit an. Sobald das Körpergewicht auf die Ferse drückt, schießt er in den Fuß.

Ich spüre den Schwarzwald in den Knochen. Meine Füße wollen nicht mehr tragen. Sie verlangen eine Pause, und zwar eine lange. Eine Nacht ist zu kurz für die Erholung.

Diese körperliche Erfahrung wünsche ich allen missratenen Kindern der Romantik. Wer mit dem Aussteigen kokettiert, zurück will zur Natur: erst einmal zu Fuß vom Brandenkopf ins Kinzigtal, auf der anderen Seite wieder rauf auf den Farrenkopf. Wer mega-ganzheitlich alle Grenzen aufhebt:

bei Regen über den Feldberg – hinter dem Blauen sprechen wir dann über Yin und Yang.

Ich nehme den Bus nach Basel. Aber so kann ich nicht vom Westweg abtreten. Diese Reise verdient ein besseres Ende. Der Flug nach Hamburg dauert nur halb so lang wie der Aufstieg zum Belchen. Nach der Landung gehe ich zu den Expeditionsberatern im roten Würfel. Ich will hören, was sie zu meiner lumpigen Regenjacke sagen. Der Verkäufer, der gerade Dienst tut, nimmt das mangofarbene Gewebe zwischen die Finger. Damit brauche er gar nicht in die Regenkammer, sagt er, das sehe er auch so: Die Membran habe sich delaminiert. Möglich, dass die Rucksackträger zu sehr gescheuert hätten. Er stellt mir eine kulante Regelung in Aussicht.

Für den Stadtgebrauch tun es meine Füße bald wieder. Doch wenn ich die Waden dehne, spüre ich auch nach vierzehn Tagen noch einen leisen Schmerz in den Fersen. Ich begebe mich beim Osteopathen meines Vertrauens auf die Liege. Er lässt mich ein paar Übungen machen und fühlt sich mit seinen wissenden Fingern in meine Beine ein. Der Mann heißt Gripp. Ich vertraue ihm, weil er über blinden Aktionismus erhaben ist. So auch jetzt. Er rät zur Geduld.

»Mach dein Ding. Und lass die Ferse ihr Ding machen. Das wird wieder.«

Kulanterweise bekomme ich eine neue Regenjacke. Sie ist rot. Im Frühjahr bekommt Baden-Württemberg einen neuen Ministerpräsidenten, der ist grün. Er verspricht, im Nordschwarzwald einen Nationalpark einzurichten. Die CDU in Baiersbronn meldet Bedenken an, sie warnt vor einer Ökodiktatur.

Im Sommer packe ich den Rucksack und fahre nach Kandern. Diesmal nehme ich das Auto. Die Anreise verläuft bequem, aber enttäuschend. Von Osten sieht der Schwarzwald banal aus. Ein paar dunkle Hügel, nichts Erhabenes. Die Bundesstraße von Donaueschingen zum Feldberg ist gut ausgebaut, aber sie schlägt eine Schneise des Alltags in das Sehnsuchtsland. Ein Wohnmobil aus Bochum hemmt meinen Vorwärtsdrang. Ich fahre 90, doch es wäre mehr drin. Mit jeder Kurve wächst der Frust. Am Titisee drängelt hinten ein Audi aus München, vorne besieht ein Polofahrer aus Berlin die Gegend. Beim Überholen verwünsche ich seinen Vollbart. Im Bärental brauche ich die *Prinzen*, tausend liebe Worte helfen mir durch den Verkehr.

Ich sitze weich, kann die Temperatur aufs Grad genau einstellen und Musik nach meinem Geschmack einlegen, aber ich fühle mich nicht wohl. Meine Fahrt wird Raserei. Die Zeit, die ich durch Beschleunigung gewinnen will, schmeckt schal. Mit der Geschwindigkeit nimmt das Gefühl für die Landschaft ab, ich verliere den Bezug zur Entfernung und den Respekt vor der Höhe. Im Winter, mit den Ski beim Aufstieg zum Feldberg, da hatte ich ein Gespür für die Steigung. Jetzt kachle ich ins Fahler Loch, mit Tunnelblick und Tempo 100. Im Wiesental trennen mich 115 PS von der Gelassenheit des Wanderers.

Jetzt kommt auch noch Schönau. Da wollte ich nicht hin, aber die Bundesstraße führt mitten durch den Ort. Eine Kultstätte für Albert Schlageter ist das Letzte, was ich in dieser Stimmung brauchen kann. Zum Glück erinnert nur das Nötigste an den Nazimärtyrer: eine Tafel an seinem Geburtshaus, ein Ehrengrab, das Denkmal auf dem Letzberg gibt's nicht mehr.

Das Städtchen ist jetzt stolz auf einen anderen Sohn. Hier lernte Joachim Löw in den Sechzigerjahren das Fußballspielen.

Sein Vater war Ofensetzer, der Junge wurde Ministrant, sein Jugendtrainer sagt: »Ein braver Bub, charakterlich einwandfrei.«

Neben der Grundschule ist ein kleines Spielfeld aufgebaut. Die Einheimischen nennen es das *Jogi-Löw-Stadion*. Der Bundestrainer hat dafür gesorgt, dass der Fußballnachwuchs in seinem Heimatort diesen Bolzplatz der Luxusklasse bekommt. Aber es gibt keine Tafel mit seinem Namen, das wäre zu geschwollen.

Das Elternhaus von Joachim Löw steht nicht mehr. Seine Mutter lebt noch in Schönau, ein Bruder bewirtschaftet das Vereinsheim am Sportplatz. Der Trainer, der es geschafft hat, im deutschen Fußball Schönheit und Effizienz zu versöhnen, wohnt jetzt südlich von Freiburg. Aber dort ist er selten, man sieht ihn öfter im Fernsehen. Fragen zu seiner Heimat beantwortet er knapp und verbindlich.

»Herr Löw, Sie haben als Trainer in der Türkei gearbeitet. Haben Sie in Istanbul den Schwarzwald vermisst?«

»Ich bin keiner, der allein vom Panorama lebt. Bei mir muss eine Landschaft immer mit Leben erfüllt sein. Für mich waren es schon immer die Menschen, die mein Bild vom Schwarzwald prägten.«

»Wie sind die Schwarzwälder?«

»Hier gibt es mehr Sein als Schein. Der Schwarzwälder verlässt sich nicht auf Dritte. Er packt an, mit einer Geradlinigkeit, die zum Ziel führt.«

»Trotzdem: Was ist für Sie der Inbegriff der Landschaft Ihrer Heimat?«

»Mir imponiert am meisten die Vielfalt: der Wald, die Berge, die Wiesen, die Bäche und Seen. Mit der Nähe zu Freiburg ergibt das ein perfektes Gesamtbild.«

»Warum ziehen Sie als Badener sich gern in den schwäbischen Nordschwarzwald zurück?«

»Vor mehr als 20 Jahren hatte ich als Spieler ein Trainingslager im Hotel *Engel* in Obertal. Seither finde ich dort alles, was ich zum guten Leben brauche: Ruhe zum Lesen, gutes Essen und Sportmöglichkeiten. Einmal hat mich eine Urlauberin beim Joggen angesprochen: ›Ich kenne Sie vom Fernsehen.‹ ›Kann schon sein‹, habe ich geantwortet. Darauf hat sie gesagt: ›Sie sind doch der Herr Magath.‹ Da wusste ich, dass ich hier richtig bin.«

Kandern

Neben einem Altersheim stelle ich das Auto ab. Zehn Minuten später ist alle Gereiztheit verflogen. Ich bin wieder zu Fuß unterwegs. Es geht durch die Wolfsschlucht. Der Weg ist so schmal wie eine Männerhüfte und führt durch wild wuchernden Wald. Brennnessel und Brombeere, Haselnuss und Buche sind zu einem grünen Gewölle verstrickt. Efeu überzieht Baumstämme, Moos bedeckt Felsbrocken. Das ist kein Forst, in dem die Fichten Spalier stehen. Das ist Wald, so undurchdringlich wie an den feuchtheißen Bergen Italiens. Links muss gleich die Teufelskanzel kommen. Brauche ich vorher die Machete?

Das langsame Tempo der Fortbewegung ist dem Gemüt zuträglich. Es gibt keine Überholspur mehr. Über ein Nadelöhr freue ich mich wie ein Kind: Der Pfad zwängt sich zwischen zwei Felsen durch. Wanderer mit Wampe bekommen hier Probleme. Dieser Engpass ist wie geschaffen für einen Überfall. Was lauert im Halbdunkel?

In diesen Wald sind die badischen Revolutionäre geflüchtet. Im Frühjahr 1848 wollte Friedrich Hecker seinen Zug von Konstanz nach Karlsruhe führen, doch die Truppen des Deutschen Bundes verstellten ihm den Weg. Am 20. April 1848 verhandelte Hecker auf einer Brücke bei Kandern mit General Gagern, dem Befehlshaber der Regierungstruppen. Dabei soll es zu folgendem Wortwechsel gekommen sein:

Friedrich von Gagern: »Sie sind ein gescheiter Mann, aber ein Fanatiker!«

Friedrich Hecker: »Wenn die Hingebung für die Befreiung eines großen Volkes Fanatismus ist, so mögen Sie diese so bezeichnen.«

Es kam zum Gefecht. Gagern wurde von drei Kugeln getroffen, aber seine Truppen siegten. Viele Revolutionäre waren nur mit einer Sense bewaffnet. Friedrich Hecker betrachtete seine Revolution nach der Niederlage bei Kandern als gescheitert. Über die Schweiz floh er nach Amerika.

Baselblick

In Hammerstein überquere ich die Schienen der Kandertalbahn. Hier fährt nur noch sonntags der Museumszug. Der Bahnhof ist eine Gaststätte und schmückt sich mit einem nostalgischen Waggon. Hinter den Holzfenstern hängen gehäkelte Gardinen, auf dem alten Wagenlaufschild steht *Freiburg-Himmelreich*. Daneben hat der Wirt mit Kreide geschrieben: Ochsenmaulsalat 6,50 €.

Am Bahnhöfli von Hammerstein nimmt das Länderspiel zwischen Baden und Württemberg eine überraschende Wendung. Seit der ersten Etappe führt Württemberg mit 1:0. Seit dem pingeligen Verbotsschild auf der Schwanner Warte überlege ich, wie ich gegenhalten kann, wenn meine badischen Freunde wieder sticheln. Sie haben die Revolution, wir die Kehrwoche. Was soll der Schwabe sagen, wenn er als Rumpelfüßler der Freiheit hingestellt wird, der sich mit Untertanengeist zum Erfolg grätscht? Wenn ich darauf hinweise, dass Mayer-Vorfelder aus Mannheim kommt, kontern sie, ich sei kleinlich.

Ich habe überlegt, die aufständischen Glasbläser von Buhlbach ins Spiel zu bringen. Aber sie sind in der Unterzahl gegen Heckers mutige Kämpfer. Baden stürmt mit Esprit, die Schwaben verteidigen. In der zweiten Halbzeit habe ich mich nur noch schwach gegen das drohende Ergebnis gewehrt. Der Länderpokal der Ordnungshüter würde an Württemberg gehen.

Doch dann sehe ich die Schilder am Bahnhöfli im Kandertal: *Parkplatz nur für Gäste, Vorwärts einparken, Betreten der Wagenplattform verboten.* Diese Verbote sind badisch, plötzlich steht es 1:1. Die Hoffnung auf ein Unentschieden beflügelt mich. Das wäre ein achtbares Ergebnis, mit dem ich gut leben könnte.

Aber die entscheidende Szene kommt erst noch. Ich bewege mich zwischen Egisholz und Wollbach, auf Höhe Baselblick. Früher hat hier ein Hüter über die Weinberge gewacht, jetzt ist die Hütte am Waldrand ein idealer Festplatz. Es gibt einen Grillrost, ein vorgezogenes Walmdach schützt vor dem Wetter, der Blick schweift weit über das Land. Hier kann man den Ghettoblaster bis zum Anschlag aufdrehen, ohne einen Nachbarn zu stören. Doch der Ortsvorsteher hat ein Schild angebracht: *Grillfeste und Parties müssen bei der Ortsverwaltung angemeldet werden!*

Das ist das 2:1 in der 90. Minute! Dieser Treffer entscheidet das Spiel. Es kann kein Unentschieden mehr geben, denn bis Basel kommt kein Quadratmeter schwäbischen Bodens mehr. Kein Rechtsaußen aus Stuttgart kann mehr eingreifen. Der Pokal mit dem goldenen Büttel geht nach Baden!

Beschwingt wandere ich weiter. Nichts zwickt an Ferse und Gemüt. Der Weg führt jetzt nicht mehr durch den Wald. Ringsum liegt ein großer Garten. Nussbäume spenden Schatten, die Zwetschgenbäume hängen so voll, dass die Äste mit Stecken gestützt werden müssen. Auf Streuobstwiesen reifen Äpfel und Birnen. Der Holunder an den Hecken ist schon dunkel, in den Weinbergen des Markgräfler Lands werden die Trauben prall. Zwischendurch pflücke ich Brombeeren am Wegrand. Neben dem Scheunentor eines Bauernhofs wachsen Bananen. Kein Zweifel – ich bin im Süden.

Wollbach

Gegenüber der Kirche von Wollbach liegt das Pfarrhaus. Das Markgräfler Land ist ein protestantisches Einsprengsel im katholischen Süden. Der Pfarrer brauchte Platz für seine Familie, außerdem fungierte er als Domänenverwalter des Markgrafen von Baden-Durlach. Entsprechend groß ist das Pfarrhaus geraten. Dieses robuste Gehöft hat schon den Dreißigjährigen Krieg überstanden.

Inzwischen wohnt hier kein Geistlicher mehr. Der *Pfaffenkeller* ist ein Gasthaus. Frisch renoviert, das Fachwerk sorgfältig verputzt. Drinnen zeugen die Balken an der Decke von einer Zeit, in der nicht alles gerade war. Über dem grünen

Kachelofen hängen Jagdtrophäen, auf dem alten Buffet stehen feine Schnäpse.

Sollte die Eternitepoche überstanden sein? Wer auch immer dieses Haus renoviert hat, er schämt sich nicht für dessen Alter. Die Türen hat er nicht mit Kunststoff verkleidet, sondern abgeschliffen und matt lackiert. Die Gaststube verdient diesen Namen. Sie inszeniert keine verlogene Gemütlichkeit, an weißen Wänden hängen mit Bedacht ausgesuchte Antiquitäten. Ich wollte eigentlich nur eine Suppe, nehme dann aber den Kaninchenrücken, gefüllt mit Pfifferlingen und Blattspinat. Den Gutedel serviert der Wirt auf traditionelle Art im geschliffenen Glas.

Beim Espresso erfahre ich, dass er dieses historische Bauwerk erst vor ein paar Jahren gekauft hat. Den alten Sandstein ließ er von der Freiburger Münsterbauhütte sanieren. Im verwahrlosten Bauerngarten hat er selbst zur Heckenschere gegriffen.

Der Wirt hat eine breite Stirn und einen eigenwilligen Kopf. Er stammt aus der Schweiz, als Gastronom ist er ein Quereinsteiger. Seine Geschichte ist die eines erfolgreichen Managers auf der Überholspur, der nach einer traumatischen Erfahrung sein Leben neu zusammensetzen musste. Die Balken des *Pfaffenkellers* erschienen ihm stabil. Von virtuellen Transaktionen hatte er genug, jetzt sollte es handfest werden: Kräuter und Kartoffeln, Quitten und Holunder, Kirschwasser und Gutedel.

Es wirkt wie eine Ironie der Geschichte, dass dieser Aussteiger in Wollbach gelandet ist. In diesem Dorf kreuzen sich zwei Lebensläufe. Der Wirt des *Pfaffenkellers* fand hier sein kleines Paradies. Aber ein anderer, der an diesem Ort geboren wurde, konnte nicht weit genug weg kommen. Er suchte sein Sehnsuchtsland im Pazifik.

Friedrich Ritter kam 1866 als jüngster Sohn des Bürgermeisters von Wollbach auf die Welt. Nach einem Medizinstudium ließ er sich als Arzt in Berlin nieder. Zeitzeugen beschrieben ihn als einen kleinen, muskulösen Mann mit einer selbstbewussten Stirn. Einer Patientin, die sich von ihm wegen Multipler Sklerose behandeln ließ, fielen darüber hinaus seine starken Locken auf. Sie hieß Dore Strauch, war verheiratet und begann eine Affäre mit ihrem Arzt, der ebenfalls verheiratet war.

Ritter legte sich in den Zwanzigerjahren seine eigene Weltanschauung zurecht. Er mischte Nietzsche mit vegetarischer Ernährung, Lao-Tse mit den Prinzipien der Lebensreformbewegung. Krankheiten wollte er nicht länger mit Medikamenten kurieren, sondern durch die Kraft der Gedanken heilen. Die Zivilisation ödete ihn an. Er kam zu der Überzeugung, eine Existenz in geordneten Bahnen »wäre bloß noch Vegetieren, ein Stehenbleiben und kein volles Erleben mehr«.

Es reichte nicht, aus Berlin zurück aufs Land zu gehen. Doktor Ritter suchte die große Lösung. In Zeitungsartikeln stilisierte er sich zum modernen Robinson. Diesen Traum setzte er in die Tat um. Im Frühjahr 1929 schrieb er:

> Wir gehen eigentlich deswegen in ein Neuland auf allen Ebenen, weil uns die Zivilisation nichts wesentlich Neues mehr bieten kann, nur Wiederholungen und Breittretereien.

Friedrich Ritter und Dore Strauch nahmen das Schiff. Im September 1929 betraten sie die Insel Floreana. Sie war unbewohnt, lag im Pazifik und gehörte zum Galapagos-Archipel. Die Reise zurück zur Natur war beklemmend gründlich vorbereitet. Weil es im Paradies keinen Zahnarzt gab, ließen sich die beiden vorher alle Zähne ziehen. Ritter empfand seine

Auswanderung als Wiedergeburt in einer neuen Welt, er »erfülle zwei Leben in einem Leibe«.

Die Erwartungen von Dore Strauch waren auch nicht klein:

> Ich hatte gehofft, dass mich eine bislang nie gekannte Freude und Frieden überwältigt, sobald ich meinen Fuß auf die Erde unseres gelobten Landes setzen würde.

Zunächst bezauberte die Insel. Adam und Eva liefen nackt durchs Paradies. Sie fanden zwei Süßwasserquellen, im Krater eines erloschenen Vulkans legten sie einen Garten an. Sie waren dem verhassten Kapitalismus entkommen und lebten autark. Die einzige Verbindung zum Rest der Welt bestand in einem Fass, das Walfänger schon 1793 in einer Bucht von Floreana aufgestellt hatten. Wenn ein Schiff in der *Post Office Bay* ankerte, nahm es Briefe mit und brachte Post. Friedrich Ritter unterrichtete die Zivilisation von seinem Experiment. Schon 1931 erschien sein Buch in Berlin, das bürgerliche Publikum zeigte großes Interesse.

Die Auswanderer kamen nicht los von der alten Welt. Der höchste Berg von Floreana erinnerte Friedrich Ritter an den Schwarzwald: »Er sieht aus wie der Belchen oder Feldberg, nur steiler.« 1932 floh eine Familie aus Köln vor der Wirtschaftskrise auf die Aussteigerinsel. Wenig später kam eine Hochstaplerin. Sie gab vor, eine österreichische Baronin zu sein und nannte sich Eloise Wagner de Bousquet. Ihr Gefolge bestand aus zwei deutschen Liebhabern und einem Diener aus Ecuador. Sie wollte ein Luxushotel für reiche Amerikaner bauen, die *Hacienda Paradiso*.

Auf der Insel ließ sie alle Hemmungen der Zivilisation fallen. Die Frau verlieh sich selbst den Titel der Kaiserin von Floreana. Das war keine Operette, sondern blutiger Ernst.

Die Herrscherin trug Pistole und Peitsche, von beiden machte sie ausgiebig Gebrauch. Einem dänischen Kaufmann, vormals Gast in der *Hacienda Paradiso*, verpasste sie einen Bauchschuss. Friedrich Ritter schickte einen Brief nach Ecuador und ersuchte die Behörden um Hilfe.

Die wenigen Inselbewohner verstrickten sich in gewalttätige Auseinandersetzungen. Die Dreierbeziehung der Baronin verwandelte sich in eine Hackordnung. Ihr Liebhaber Robert Philippson war seinem Rivalen Rudolf Lorenz körperlich überlegen und prügelte ihn zum Sklaven. Es kam auch zu Schlägereien zwischen Philippson und Ritter, dieser wiederum misshandelte Dore Strauch im Beisein der Nachbarn. Im Frühjahr 1934 verschwanden die Baronin und Philippson unter nie geklärten Umständen. Manches spricht dafür, dass Ritter und Lorenz die beiden ermordet haben.

Friedrich Ritter nahm wieder Kontakt zu seiner Ehefrau in Deutschland auf. Er wollte sich von Dore Strauch trennen. Im November 1934 aß er, der erklärte Vegetarier, eingelegtes Fleisch. Es stammte von Hühnern, die nicht geschlachtet wurden, sondern krepiert waren. Die Indizien legen nahe, dass Dore Strauch ihn vergiften wollte. Sie holte die deutschen Nachbarn erst zu Hilfe, als es zu spät war. Ritter zeigte alle Anzeichen einer Fleischvergiftung. Er litt unter Krämpfen, die Atmung stockte. Am Abend des 21. November 1934 setzte er das letzte Ausrufezeichen seines Lebens. Seine Zunge war bereits so geschwollen, dass er nicht mehr sprechen konnte. Friedrich Ritter schrieb einen Zettel. Er galt seiner Gefährtin:

»Ich verfluche dich im letzten Augenblick!«

Gründlicher ist noch kaum ein Romantiker auf der Suche nach einem Ausweg gescheitert. Georges Simenon verarbeitete sie zu einem Roman. Das Buch hieß *Die da dürstet*. Vor ein paar Jahren kam es mit einem neuen Titel auf den Markt. Vielleicht erschien der alte den Verlagsmanagern zu hoffnungsvoll. Oder sie zweifelten daran, dass der Leser die Anspielung auf dieses große Versprechen noch versteht, das Jesus vom Berg gepredigt hat: »Selig sind, die da hungert und dürstet nach der Gerechtigkeit; denn sie sollen satt werden.«

Auf jeden Fall heißt das Buch jetzt *Hotel ›Zurück zur Natur‹*.

Burg Rötteln

Hinter Wollbach geht es sacht bergauf in den Röttler Wald. Am Wanderparkplatz hat das Forstamt Lörrach eine Tafel mit zwei Geboten aufgestellt. Das erste: *Wandere dich gesund.* Das zweite: *Halte den Wald in Ehren.*

Auf einem Hügel wächst eine Zwillingsbuche. Die Hälfte ihrer Wurzeln hängt in der Luft. Ein Teil der Böschung ist abgerutscht, der nackte Waldboden leuchtet ockergelb. Doch die beiden Bäume stehen aufrecht. Das Licht fällt schräg zwischen die Stämme, die Sonne zeichnet Streifen in den Wald. Auch am Ende des Weges hat dieses Bild nichts von seiner Faszination verloren. Die grünen Kronen nehmen dem Licht das Grelle, es scheint gedämpft wie durch die Fenster einer Kathedrale. Die Stämme schneiden geheimnisvolle Schatten in die Helligkeit.

So komme ich von hinten zur Ruine Rötteln. Das ist eine der größten Burgen Südbadens, drei rot-gelb-rote Fahnen wehen über den Mauern. Ein junger Mann klettert ein wenig am Sockel. Als er kniehoch über dem Boden hängt, geht seine Freundin mit der Kamera in die Hocke und macht ein Heldenbild.

Das Pflaster in der weitläufigen Burg ist höckrig. Vor der Zugbrücke tritt mir ein Ritter entgegen. Er trägt einen silbernen Helm und fuchtelt mit seinem Schwert. Der Helm ist aus Pappe, das Schwert aus Plastik, der Recke reicht mir bis zur Hüfte. Ich sage, ich sei der Markgraf. Sein Gesicht kann ich hinter den schmalen Schlitzen des Visiers nicht sehen, aber er gibt den Weg frei. Die edle Frau Mutter lächelt huldvoll.

Im 15. Jahrhundert hat Markgraf Philipp von Baden den Neuen Bau im oberen Teil der Burg errichten lassen. Philipp war kein dahergelaufener Duodezfürst. Er gehörte zum burgundischen Hof und wusste zu leben. Seine Gäste mussten nicht hinter kaltem Sandstein frieren – die Gemächer dieser Burg waren mit Öfen beheizbar. Außerdem gab es an der östlichen Außenwand einen Abort.

Rötteln liegt erhaben auf einem Bergrücken. Im Bergfried steige ich die steile Treppe hinauf. Oben trifft mich die Aussicht wie ein ansatzloser Schlag. Unter mir liegt Lörrach. Das ist keine Stadt mit einem Profil. Das ist ein Siedlungsbrei, unverdauliche Brocken ragen heraus. Der Fluss in diesem Tal scheint vertrocknet. Eine Autobahn teilt die formlose Hässlichkeit. Die Auffahrt gibt der Stadt Kontur, Parkplätze ziehen Linien. Der Baumarkt hat ein Flachdach in XXL, Hochhäuser stehen dumm vor dem Himmel.

Du hast ja Recht. Am 21. September 1848 proklamierte der Revolutionär Gustav Struve im Rathaus von Lörrach die Deusche Republik. Für ein paar Tage war hier die utopische Hauptstadt eines fürstenfreien Landes. Aber das hilft nicht, wenn du Lörrach jetzt von oben siehst. Der Zauberlehrling hat das entscheidende Wort vergessen. Sein Häuserbrei schwappt von Berg zu Berg. Die Wiesen sind längst überschwemmt, wenn's doch Wasser wäre. Diese Stadt verhöhnt den Namen ihrer Landschaft: Lörrach liegt im Wiesental.

Dort unten hat Johann Peter Hebel sein Drama erlebt. Als seine Mutter sterbenskrank war, fuhr man sie auf einem Ochsenkarren von Basel in ihr Heimatdorf Hausen. Der Weg durchs Wiesental dauerte damals sechs Stunden. Als der Karren Burg Rötteln passierte, starb Ursula Hebel. Ihr 13 Jahre alter Sohn war zugegen. Er verarbeitete dieses Erlebnis in einem Gedicht. Dreißig Jahre später erschien *Die Vergänglichkeit*, das tiefgründigste unter den *Alemannischen Gedichten*.

Hebel lässt es an jenem Ort spielen, an dem seine Mutter gestorben ist. Dort entwickelt er das Nachtgespräch zwischen einem Bauern und seinem Sohn. Zwei Ochsen ziehen den Wagen, sie heißen Laubi und Merz. Die Ruine Rötteln ängstigt den Jungen. Bang fragt er, ob das eigene Haus auch so verfallen werde.

Der Aetti, so heißt der Vater auf alemannisch, antwortet:

… und bis de bisch wien ich,
e gstandne Ma, se bini nümme do,
und d'Schof und Geiße weide uf mi'm Grab.

Der Aetti spendet keinen billigen Trost. Er weicht dem Ernst nicht ins Seichte aus. Er hält dem Schmerz über den Verlust stand,

s'isch schad derfür!

Der Vater begegnet der Bedrohung mit Gelassenheit. Das eigene Haus wird verfaulen, die reiche Stadt Basel und die ganze Welt werden untergehen. Ruhig erzählt der Aetti von der Apokalypse:

Der Belche stoht verchohlt,
der Blauen au, as wie zwee alti Türn,
un zwische drinn isch alles use brennt,
bis tief in Bode abe. D'Wiese het
ke Wasser meh, 's isch alles öd und schwarz,
und totestill, so wit me luegt – das siehsch,
und seisch di'm Kamerad, wo mitder goht:
»Lueg, dört isch d'Erde gsi, und selle Berg
het Belche gheiße!«

Das spendet Trost: Der Junge wird nicht allein sein. Auch im großen Grauen wird ein Gefährte mit ihm gehen. Der Vater verfällt nicht in Apathie. Er schaut der Vergänglichkeit ins Gesicht, aber das hält ihn nicht vom Leben ab. Das Gedicht endet in Bewegung. Der Bauer gibt seinen beiden Ochsen das Kommando, den Wagen weiter zu ziehen:

Hüst Laubi, Merz!

Tüllinger Berg

Die rote Raute führt zur Autobahn. Nach der Unterführung geht es auf den Tüllinger Hügel, ein Buchenwald nimmt gnädig die Sicht auf Lörrach. Eine Tafel preist ihn als stadtnahe Grünzone und hebt die Baumfalken hervor, die hier brüten.

Die alte Kirche von Obertüllingen liegt wie auf einem Balkon. Sie ist nach der heiligen Ottilie benannt, das ist die Schutzpatronin des Augenlichts. Auf dem schmalen Vorplatz sind Linden gepflanzt, von hier habe ich einen Panoramablick auf Basel. Die Schönheit dieser alten Stadt ist nicht zu sehen Aus den Schornsteinen der chemischen Industrie steigt weißer Rauch.

Basel ist lediglich deshalb weniger hässlich als Lörrach, weil diese Stadt nicht alles überwuchert. Sie liegt in einer grünen Fassung. Ringsum gibt es Wiesen, und die Wälder beginnen nicht erst im Schweizer Jura, der dem Bild den Hintergrund gibt.

Die Kilometerzahlen auf den Wegzeigern sind jetzt einstellig. Auf schmalen Treppen gehe ich durch Weinberge. Rechts weht über einem Gartenhäuschen eine große Fahne mit dem Schweizerkreuz. Bin ich etwa schon über der Grenze? Die Treppenstufen sind jetzt asphaltiert. Auf der Straße kommt ein Fahrrad mit Nummernschild. Kein Zweifel, ich bin in Alemannisch-Preußen. Ohne Posten habe ich passiert.

Basel

In Riehen folge ich der Wiese. Der Fluss ist hier zurechtgemacht für den Salon. Das flache Wasser rauscht über künstliche Schwellen, sie liegen so regelmäßig wie die Tasten eines Klaviers. Das Bett der Wiese ist begradigt wie eine Schnellstraße, mein Weg am Ufer führt fast fünf Kilometer geradeaus.

Das bin ich nicht mehr gewohnt. In der nächsten Stunde kann ich auf keine Biegung hoffen, hinter der vielleicht eine Überraschung auftaucht. Keine Kehre bringt Abwechslung. Ich bin zurück in der Zweckmäßigkeit, auf der geraden Linie von A nach B. Wie auf einer Schiene bewege ich mich durch domestizierte Landschaft.

Die Promenade auf dem Wiesendamm ist bei der Basler Bevölkerung beliebt. Alte Bäume spenden Kühle. Zwei Frauen sitzen auf einer Bank, zwischen ihnen steht eine Flasche Prosecco. An der Böschung grillen Punker.

In einem Ausflugslokal wird geheiratet. Eine Stretchlimousine parkt, im Pavillon spielt die Kapelle. Hinter dem Tierpark biegt der Weg nach links in die Stadt. Die Straße heißt *Im Surinam*. Ich begegne zwei dunkelhäutigen Frauen, aber die Gartenzwerge sind in der Mehrheit. Rechts hat man viele Garagen an den Bahndamm gesetzt.

An der wuchtigen Fassade des *Badischen Bahnhofs* hängt eine Tafel mit der roten Raute. Sie besagt, dass der Westweg zu Ende sei. Aber das ist kein richtiger Schluss, hier kann ich nicht aufhören. Ich gehe die Rosentalstraße hinunter. Sie führt durch die bunte Mischung von Kleinbasel: Nagelstudio, Sexshop, Kebap Takeaway. Der Fahrradladen hat ein Singlespeed ins Schaufenster gestellt, Minimalismus ohne Gangschaltung für die Avantgarde der Stadtradler. Eine Frau übt mit ihrem Hund das Kommando »Sitz«, zwei Sikhs unterhalten sich auf einer Bank. Blauer Turban spricht mit gelbem Turban.

Eine Viertelstunde später stehe ich auf der Mittleren Brücke. Stromauf treibt eine alte Gierfähre gemächlich über den Fluss, ihre Wimpel flattern im Wind. Links ankert ein Floß. Es dient einer Band als Bühne. Die Zuhörer sitzen am Ufer, hören Blues und kiffen. Rechts leuchten die bunten Dachziegel des Münsters, die Glocken beginnen zu läuten.

Unter mir fließt der Rhein. Das grüne Wasser hat große Kraft. Es strömt, als ob die Quelle nie versiegen könne, und ich spüre eine seltene Ruhe. Zwei Jungs schwimmen unter der Brücke durch. Sie lassen sich treiben, aber sie kommen schnell voran. Jeder hat ein durchsichtiges Kissen unter der Brust. Wenn sie wieder an Land gehen, holen sie Kleider und Schuhe aus diesen Plastiksäcken. Sollen sie zu neuen Ufern – ich bin am Ziel.

Der Abend wurde ein Fest. Ich aß mich herzhaft durchs Dreiländereck. Als Vorspeise bestellte ich einen Gugelhupf von der Gänseleber. Beim Hauptgang brach ich mein Gelübde aus dem Murgtal, nie wieder Kalbfleisch zu essen. Das Geschnetzelte mit Rösti war's wert. Zum Honigparfait wurden Früchte aus dem Markgräfler Land gereicht, der Apfelbrand vom Kaiserstuhl war wundermild.

Du weißt, dass ich nicht gern allein esse. Ohne Gesellschaft taugt selbst ein Bœuf Bourguignon nur die Hälfte. Aber an diesem Abend am Ende des Wegs fehlte mir niemand. Ich wollte noch nicht erzählen. Mein Kopf war voll von Bildern. Ich ging noch einmal über das Zentralmassiv deutschen Gefühls. Besser gesagt, ich flog. Da lag ein dunkler See in einem Hochmoor, der Wald reichte bis zum Horizont, und ich war in einem weiten Land. Der Weg war frei, er führte hinaus über den Rand der Zivilisation. Die Sehnsucht spannte ihre Flügel.

Als ich den Turm von Rötteln sah, nahm ich mir vor, diesen Moment nie zu vergessen.

Es war ganz einfach. Ich stand auf dem Bergfried, drehte mich um, und Lörrach war weg. Der Schwarzwald ragte aus dem Dunst, der Belchen stand als Zuflucht.

Das könnte gehen.

Vor Diktat verreist

Ich bin den Westweg gegangen, einige Etappen mehrfach. Doch der Wanderer bin nicht nur ich. Diese Reise verläuft an der Grenze zwischen realistischer Reportage und literarischer Fiktion.

Ohne Hilfe hätte ich das Ziel nicht erreicht. Ich danke allen, die mir zwischen Pforzheim und Basel ihre Gastfreundschaft geboten haben. Und denen, die mich ein Stück auf dem Weg begleitet haben.

Die inspirierenden Anregungen von Hermann Bausinger, Harald Stahl und Joachim Zelter haben geholfen, beim Schreiben die Richtung zu finden. Die Schwarzwaldkenner Jürgen Lodemann, Wolfgang Schlund und Johannes Smeets haben das Manuskript gegengelesen, Petra Wägenbaur hat hingebungsvoll lektoriert – herzlichen Dank für ihre Akribie.

Für die Abdruckgenehmigung der Schwarzwaldkarte
danken wir der Schwarzwald Tourismus GmbH, Freiburg.

ISBN 978-3-86351-028-2

Lektorat: Petra Wägenbaur, Tübingen.
Umschlaggestaltung: Christiane Hemmerich
Konzeption und Gestaltung, Tübingen.
Herstellung: Horst Schmid, Mössingen.
Satz: CompArt, Mössingen.
Druck und Einband: Pustet, Regensburg.

Mehr über das Verlagsprogramm von Klöpfer&Meyer
finden Sie unter *www.kloepfer-meyer.de*

Karte: Schwarzwald Tourismus GmbH